Primaria

Ciencias Sociales 4

José Kelliam Benítez Orea (coord.)
Antonio Bustos Jiménez
José Alberto Cano Carretero
Eduardo Fernández Friera

ANAYA

Conoce tu libro

Así se organizan los contenidos

En cada unidad irás descubriendo los contenidos sobre los que investigar.

La realización de las actividades te permitirá mejorar tus estrategias de aprendizaje, tu autonomía y conocimientos.

Algunas de ellas, además, fomentan:

- La comprensión y la expresión
- Desarrollo del pensamiento
- El aprendizaje cooperativo
- La competencia emocional
- La cultura emprendedora
- La competencia digital
- La evaluación del aprendizaje

Así se aplican los contenidos

METODOLOGÍA Aprendizaje competencial

Cada unidad comienza con un estímulo, una situación que plantea una curiosidad, una duda... → **La situación da lugar a una pregunta, a un RETO.** →

Accede a la web

www.anayaeducacion.es

1. Entra en la web de Anaya Educación y haz clic sobre:

2. Haz clic sobre **Nuevo usuario** y rellena el formulario.

Para darte de alta en la web, debes tener el permiso de tu padre, madre, tutor o tutora legales.

Recibirás un correo electrónico en el *mail* con el que te has registrado. A partir de entonces, podrás acceder a toda la información de la web.

Zona técnica

En este apartado encontrarás técnicas o herramientas que te ayudarán a leer y comprender mejor las ciencias sociales.

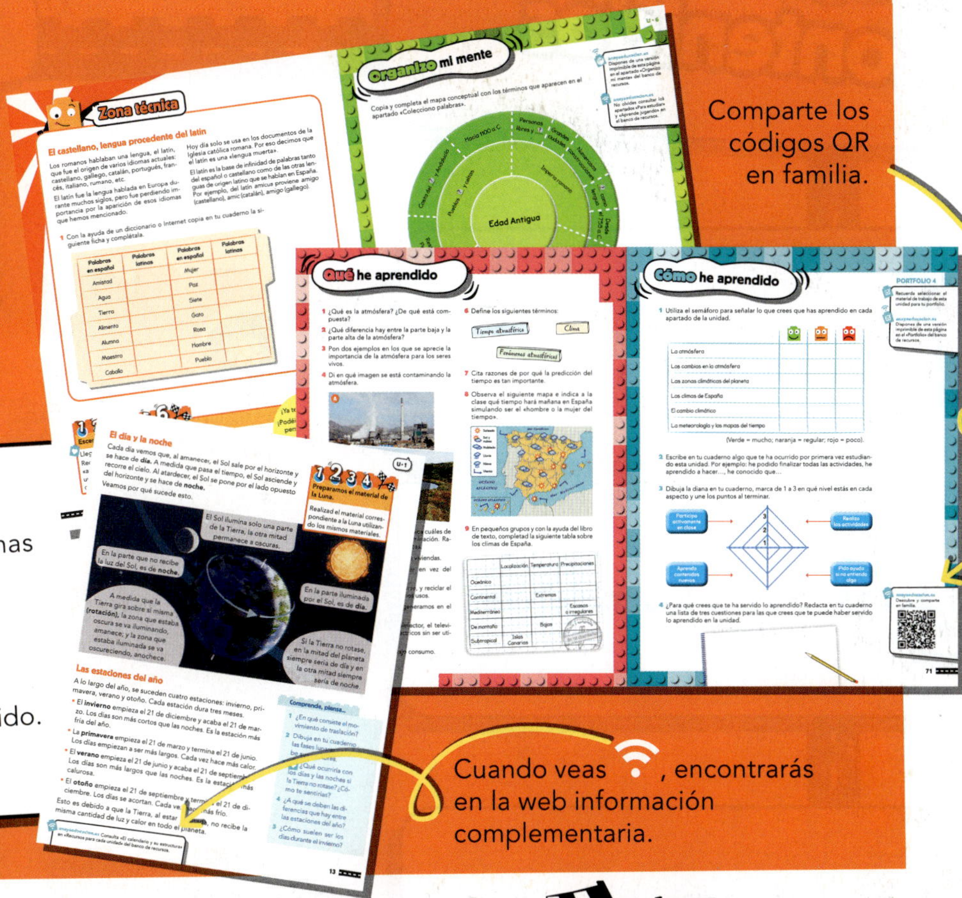

Comparte los códigos QR en familia.

Páginas especiales

Al finalizar cada unidad encontrarás unas páginas que te ayudarán a:

- Organizar tu mente.
- Comprobar qué has aprendido.
- Reflexionar sobre cómo has aprendido.

Y un repaso trimestral.

Cuando veas [icono], encontrarás en la web información complementaria.

Para superar el reto, tendrás que INVESTIGAR y APRENDER los contenidos.

Podrás demostrar que has superado el reto aplicando lo que has aprendido en la realización de un PRODUCTO FINAL.

Sigue los pasos que verás indicados en la unidad.

Consulta el banco de recursos

1. Añade tu libro: accede a **Mis recursos** y haz clic sobre el botón **+ Añadir licencia** y, en la ventana que aparece, escribe el código que hay detrás de la cubierta de tu libro.

2. Se mostrará la imagen de la web del libro.

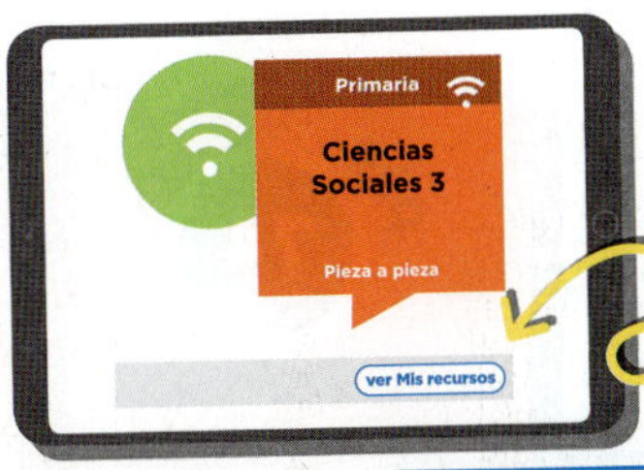

Haz clic sobre: **ver Mis recursos**

Y elige tu comunidad:

3. Haz clic sobre el botón **Banco de recursos** para abrir el menú desplegable en el que aparecen tus recursos.

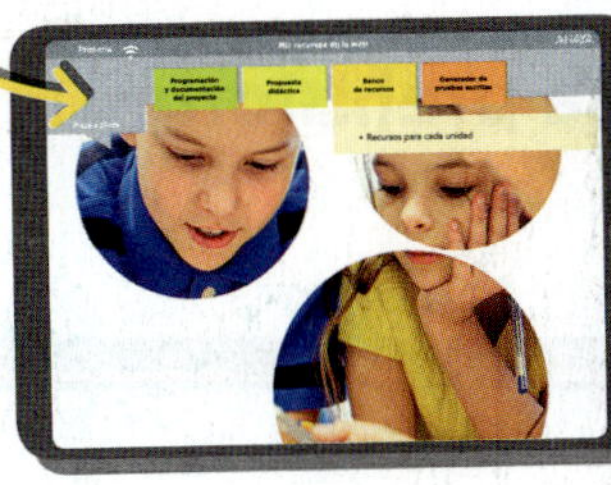

Los contenidos

Investigo y aprendo		Producto final
• La Tierra, un planeta del sistema solar • ¡La Tierra y la Luna se mueven! • Representamos la Tierra • Pensando en la Tierra. El ser humano pisa la Luna	**Zona técnica** • El telescopio	• Hago una representación
• La litosfera. Las rocas • Los minerales • Utilizamos los materiales terrestres	**Zona técnica** • Investigo los minerales que utilizo	• Construyo una caja de minerales
Repaso trimestral		
• El agua en la Tierra: la hidrosfera • El ciclo del agua • Las aguas subterráneas • Las aguas superficiales • Los ríos: elementos • Los ríos: características	**Zona técnica** • La energía hidroeléctrica	• Realizo un cartel
• La atmósfera • Los cambios en la atmósfera • Las zonas climáticas del planeta • Los climas de España • El cambio climático	• La meteorología. Los mapas del tiempo **Zona técnica** • Cómo hacer climogramas	• Presento un informativo
Repaso trimestral		
• El tiempo y la historia • El Paleolítico y el Neolítico • La Edad de los Metales • La península ibérica en el Paleolítico y en el Neolítico	• La Península y Baleares en la Edad de los Metales • ¿Quién es quién? La evolución humana **Zona técnica** • Convertimos el aula en una cueva	• Elaboro un mural
• La Edad Antigua • Iberia y los pueblos colonizadores • Los pueblos prerromanos de Iberia • La Hispania romana (I) • La Hispania romana (II)	• ¿Quién es quién? Hechos y personajes **Zona técnica** • El castellano, lengua procedente del latín	• Hago una obra de teatro
Repaso trimestral		

Las piezas clave

	Plan Lingüístico	Desarrollo del pensamiento	Aprendizaje cooperativo	Educación emocional
1 La Tierra, nuestro planeta	• Redactar conclusiones sobre una pequeña indagación (texto explicativo) • Escribir una presentación de personajes (texto descriptivo)	Técnicas • Pienso-me interesa-investigo • Los inventos Organizo mi mente • Mapa mental	Técnicas • Grupo nominal • Folio giratorio	• Conciencia emocional: aprender a conocerse uno mismo
2 Las rocas y los minerales	• Elaborar un informe (texto explicativo) • Realizar una lista de objetos (texto descriptivo)	Técnicas • La pregunta • CyR Organizo mi mente • Diagrama de Venn	Técnicas • Comprobamos • 1-2-4	• Regulación emocional: identifica y ser conscientes de nuestros estados de ánimo y canalizarlos
3 La hidrosfera	• Realizar y explicar un esquema sobre el ciclo del agua (texto descriptivo) • Realizar un cartel (texto descriptivo)	Técnicas • Antes pensaba-ahora pienso • La pregunta Organizo mi mente • Esquema de llaves	Técnicas • Petición del oyente • Asamblea de ideas	• Autonomía y autoestima: adoptar comportamientos críticos y reflexivos evitando perjuicios
4 La atmósfera	• Escribir una fábula sobre un animal en peligro de extinción (texto narrativo) • Realizar una presentación oral (texto explicativo)	Técnicas • Las ventajas y los inconvenientes • Círculos de puntos de vista Organizo mi mente • Esquema de llaves	Técnicas • Comprobamos • 1-2-4	• Autonomía y autoestima: utilizar la comunicación de manera positiva para tener relaciones constructivas y mejora de la autoestima
5 La prehistoria	• Completar una línea del tiempo (texto descriptivo) • Completar un texto mutilado (texto explicativo)	Técnicas • La predicción • Pienso-me interesa-investigo Organizo mi mente • Mapa conceptual sistémico	Técnicas • Lápices al centro • Folio giratorio	• Competencia social: consolidar la actitud de respeto ante sí mismo y ante quienes nos rodean
6 La Edad Antigua	• Realizar un mapa sobre asentamientos (texto descriptivo) • Escribir una obra de teatro (texto narrativo)	Técnicas • ¿Qué pasaría si...? • El espejo Organizo mi mente • Mapa conceptual de organigrama	Técnicas • Petición del oyente • 1-2-4	• Competencia para la vida y el bienestar social: generar vínculos afectivos y solidarios que potencien experiencias positivas

Cultura emprendedora	TIC	Evaluación
• Autoconocimiento (dimensión personal): habilidades personales, fortalezas y debilidades	• Plan TIC: uso de Internet de forma saludable IV • Búsqueda de información en Internet • Portfolio: orientaciones para hacer tu portfolio y versión imprimible del portfolio de la unidad • Aprende jugando • Para estudiar • Uso de dispositivos móviles: código QR	• Algo que he aprendido y desconocía • Aquello que debería repasar o aprender mejor • Aprendo mejor cuando... • Mi momento preferido • Aplico lo aprendido a la vida diaria
• Imaginación (dimensión personal): proponer alternativas no convencionales	• Plan TIC: uso de Internet de forma saludable IV • Búsqueda de información en Internet • Portfolio: orientaciones para hacer tu portfolio y versión imprimible del portfolio de la unidad • Aprende jugando • Para estudiar • Uso de dispositivos móviles: código QR	• Algo que he aprendido y desconocía • Aquello que debería repasar o aprender mejor • Aprendo mejor cuando... • Mi momento preferido • Aplico lo aprendido a la vida diaria
• Comunicación (dimensión social): comunidad y bien común	• Plan TIC: uso de Internet de forma segura IV • Búsqueda de información en Internet • Portfolio: orientaciones para hacer tu portfolio y versión imprimible del portfolio de la unidad • Aprende jugando • Para estudiar • Uso de dispositivos móviles: código QR	• Me ha ocurrido por primera vez • Palabras que he aprendido • Mis fortalezas y mis debilidades • Cómo me he sentido • Aplico lo aprendido en la vida diaria
• Equipo (dimensión social): fomentar técnicas y vivencias grupales	• Plan TIC: uso de Internet de forma segura IV • Búsqueda de información en Internet • Portfolio: orientaciones para hacer tu portfolio y versión imprimible del portfolio de la unidad • Aprende jugando • Para estudiar • Uso de dispositivos móviles: código QR	• Mis fortalezas y mis debilidades • Por primera vez me ha ocurrido... • Marco mi nivel • Aplico lo aprendido a la vida diaria
• Iniciativa (dimensión productiva): hacer viable cualquier iniciativa	• Plan TIC: uso de Internet de forma correcta IV • Búsqueda de información en Internet • Portfolio: orientaciones para hacer tu portfolio y versión imprimible del portfolio de la unidad • Aprende jugando • Para estudiar • Uso de dispositivos móviles: código QR	• ¿Qué he aprendido? • Me ha ocurrido por primera vez • He aprendido palabras nuevas • Marco mi nivel • Mis fortalezas y mis debilidades • Aplico lo aprendido a la vida diaria
• Productividad (dimensión productiva): planificar actuaciones para hacer viables las iniciativas	• Plan TIC: uso de Internet de forma correcta IV • Búsqueda de información en Internet • Portfolio: orientaciones para hacer tu portfolio y versión imprimible del portfolio de la unidad • Aprende jugando • Para estudiar • Uso de dispositivos móviles: código QR	• ¿Qué he aprendido? • Coevaluación • Lo que necesito para aprender • Valoro mi aprendizaje • Aplico lo aprendido a la vida diaria

1 La Tierra, nuestro planeta

A Jaime le gusta mirar el cielo por la noche y observar las estrellas. Imagina figuras con ellas mientras las señala con el dedo. «Aquí veo unas que forman una tortuga; estas parecen un piano...». Con un poco de fantasía ha creado un cuadro en el cielo.

Llevaba tiempo queriendo ir al planetario para aprender más sobre el sistema solar. Durante la visita no ha apartado la mirada de la película que se proyectaba en el techo de la sala.

Allí ha aprendido que el sistema solar es una parte del universo, que se formó hace millones de años. Unos cuerpos chocaron con otros y quedaron girando alrededor del Sol, entre ellos nuestro planeta: la Tierra.

Ha podido ver que existen otros planetas, satélites como la Luna, y el Sol, que es la estrella más próxima.

Jaime, al final, repasaba:

¿Qué hay en el cielo?

Si observamos el cielo de noche, podemos ver la Luna y las estrellas. Las vemos desde nuestro planeta, la Tierra. Es redondeado y de muchos colores. Vivimos en él y merece que lo cuidemos para conservarlo.

Te proponemos un reto

¿Te atreves a descubrir cómo es el sistema solar?

Para superar el reto... investigo y aprendo

- La Tierra, un planeta del sistema solar
- ¡La Tierra y la Luna se mueven!
- Representamos la Tierra
- Pensando en la Tierra
- El ser humano pisa la Luna

Para demostrar que lo he superado... hago una representación

- Paso 1: Preparamos el material de los planetas y el Sol.
- Paso 2: Preparamos el material de la Luna.
- Paso 3: Escribimos la presentación de cada personaje y ensayamos la escenificación.
- Paso 4: Realizamos la escenificación.

La Tierra, un planeta del sistema solar

El universo

El **universo** se originó hace miles de millones de años, a partir de una gran explosión, conocida con el nombre de ***big bang,*** y está formado por numerosas galaxias.

- Las **galaxias** son conjuntos de gas, polvo y miles de millones de estrellas. Nuestra galaxia es la **Vía Láctea.**
- Las **estrellas** son esferas de gas ardiente que producen luz y calor. Nuestra estrella es el **Sol.**
- Los **planetas** son cuerpos esféricos que no producen luz y calor. Nuestro planeta es la **Tierra.**

En torno al Sol giran ocho planetas, formando el **sistema solar.**

Comprende, piensa...

1. ¿Cuál fue el origen del universo?
2. Explica el significado de *planeta* y *satélite.*
3. Nombra los planetas que componen el sistema solar según su distancia al Sol.

La Tierra y sus partes

La Tierra tiene la forma de una esfera, ligeramente achatada en los polos.

Desde el espacio, la Tierra se ve de color azul, blanco, marrón y algo de verde, debido a sus cuatro partes: la atmósfera, la hidrosfera, la biosfera y la geosfera.

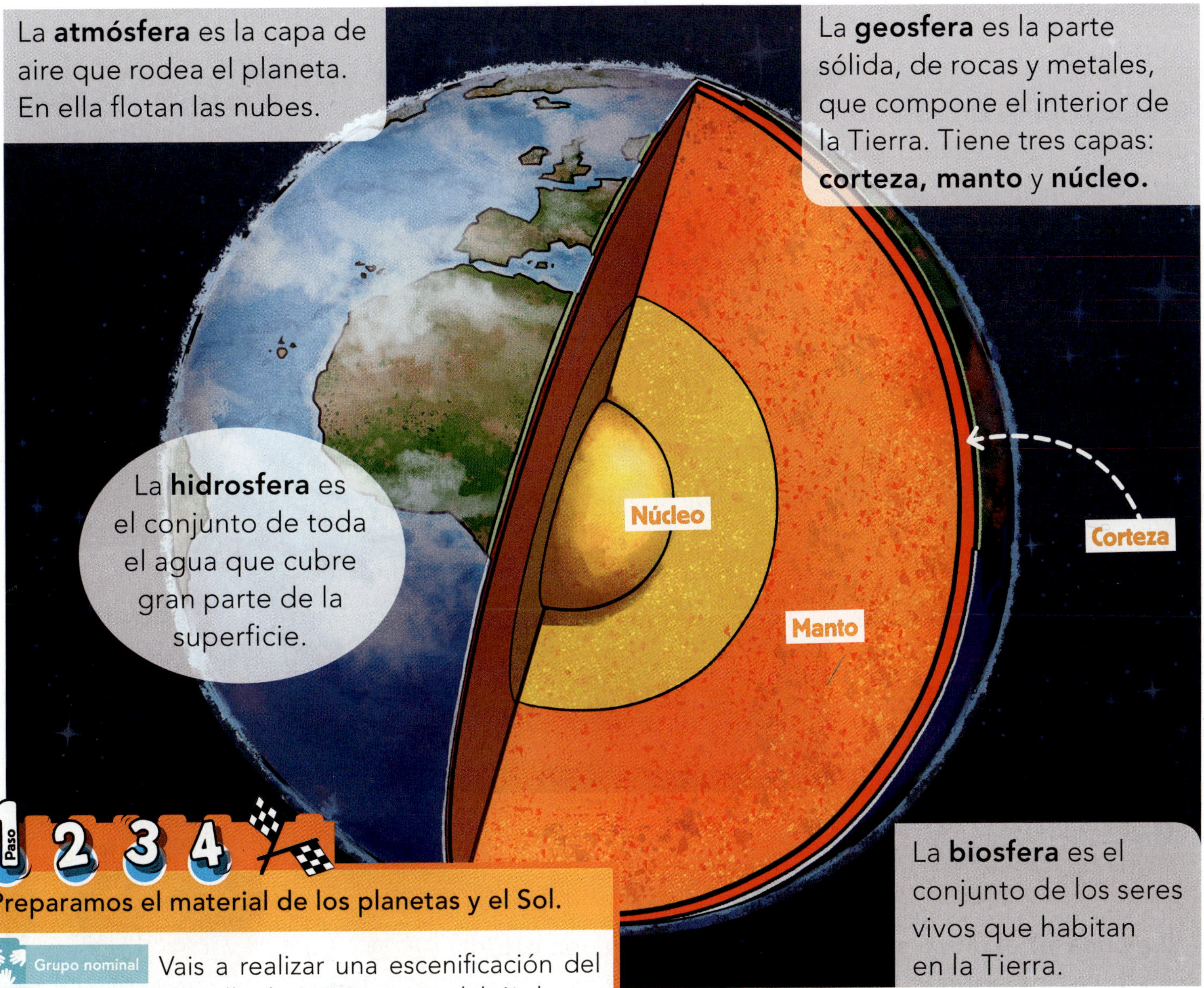

Paso 1 2 3 4

Preparamos el material de los planetas y el Sol.

Grupo nominal Vais a realizar una escenificación del sistema solar. Para ello, lo primero que debéis hacer es la preparación del vestuario de los personajes para cada planeta y el Sol.

Con goma EVA, cartulina o gomaespuma realizad un sombrero para cada personaje con un dibujo coloreado de cada planeta. También se pueden utilizar bolsas de colores u otros materiales como vestuario.

Tened en cuenta que al final aparecerán diez personajes: los ocho planetas, el Sol y la Luna.

Comprende, piensa...

4 Observa la imagen de la Tierra y relaciona cada una de sus partes con estos colores: azul, verde, marrón, blanco.

5 ¿Cuáles son las partes que componen la geosfera de la Tierra?

¡La Tierra y la Luna se mueven!

Los movimientos de la Tierra

La Tierra no permanece quieta en el espacio, está en constante movimiento, girando sobre sí misma y, a la vez, desplazándose alrededor del Sol.

A estos movimientos se les conoce como **rotación** y **traslación.**

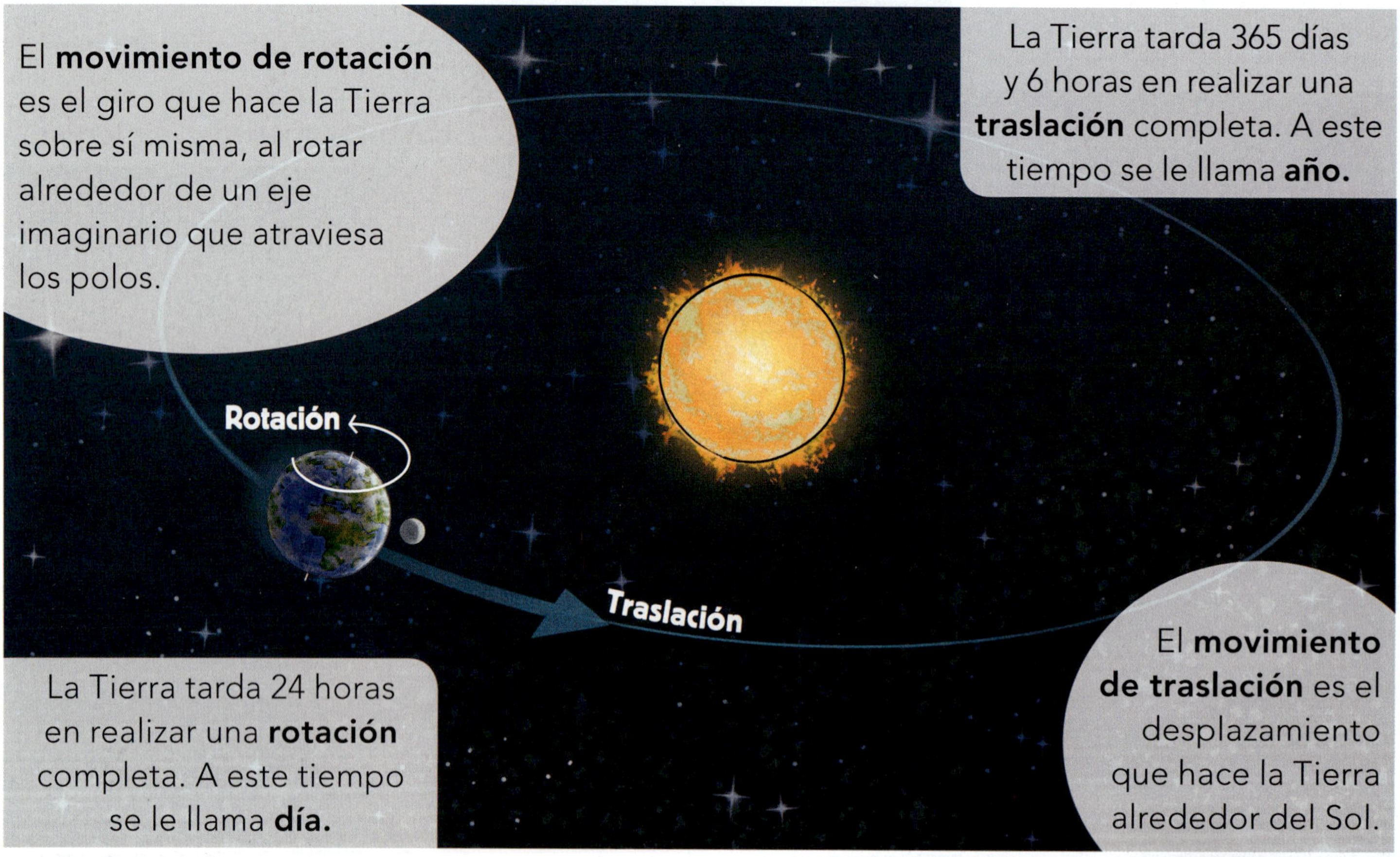

La Luna y sus movimientos

La **Luna** es el único **satélite** de la Tierra. Es una esfera de roca de pequeño tamaño, que carece de agua líquida, de aire y de seres vivos. No produce luz, pero refleja la que recibe del Sol, por eso la vemos brillante.

La Luna gira alrededor de la Tierra constantemente. Esto hace que el Sol la ilumine de forma diferente. Las formas como vemos esa parte iluminada de la Luna son las **fases lunares:** luna llena, cuarto menguante, cuarto creciente y luna nueva.

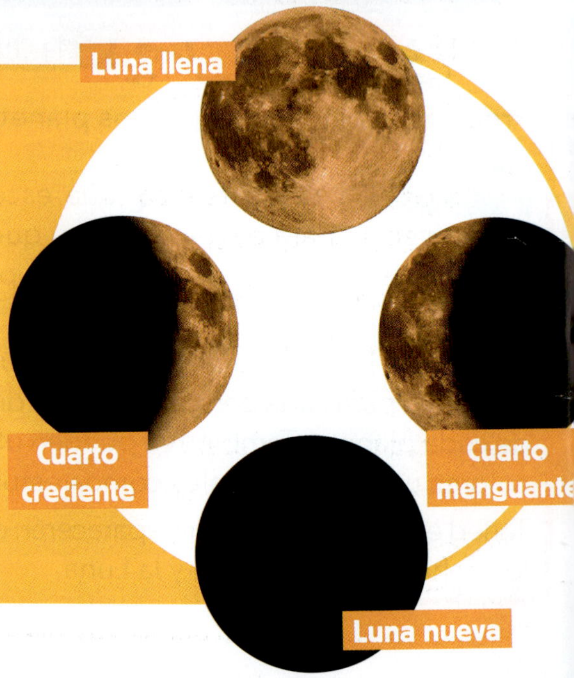

El día y la noche

Cada día vemos que, al amanecer, el Sol sale por el horizonte y se hace de **día.** A medida que pasa el tiempo, el Sol asciende y recorre el cielo. Al atardecer, el Sol se pone por el lado opuesto del horizonte y se hace de **noche.**

Veamos por qué sucede esto.

1 2 3 4 Paso

Preparamos el material de la Luna.

Realizad el material correspondiente a la Luna utilizando los mismos materiales.

Las estaciones del año

A lo largo del año, se suceden cuatro estaciones: invierno, primavera, verano y otoño. Cada estación dura tres meses.

- El **invierno** empieza el 21 de diciembre y acaba el 21 de marzo. Los días son más cortos que las noches. Es la estación más fría del año.
- La **primavera** empieza el 21 de marzo y termina el 21 de junio. Los días empiezan a ser más largos. Cada vez hace más calor.
- El **verano** empieza el 21 de junio y acaba el 21 de septiembre. Los días son más largos que las noches. Es la estación más calurosa.
- El **otoño** empieza el 21 de septiembre y termina el 21 de diciembre. Los días se acortan. Cada vez hace más frío.

Esto es debido a que la Tierra, al estar inclinada, no recibe la misma cantidad de luz y calor en todo el planeta.

Comprende, piensa...

1 ¿En qué consiste el movimiento de traslación?

2 Dibuja en tu cuaderno las fases lunares y escribe sus nombres.

3 ¿Qué ocurriría con los días y las noches si la Tierra no rotase? ¿Cómo te sentirías?

4 ¿A qué se deben las diferencias que hay entre las estaciones del año?

5 ¿Cómo suelen ser los días durante el invierno?

anayaeducacion.es Consulta «El calendario y su estructura» en «Recursos para cada unidad» del banco de recursos.

Representamos la Tierra

Para representar el planeta Tierra, utilizamos los **globos terráqueos** y los **mapasmundis.**

El globo terráqueo

El **globo terráqueo** es la representación de la Tierra en una esfera, como realmente es. Es como si la viéramos en el espacio.

El globo terráqueo puede girar sobre un eje inclinado y simula el movimiento de rotación del planeta. Si giras el globo terráqueo, podrás ver todos los continentes y océanos que lo componen.

Elementos del globo terráqueo

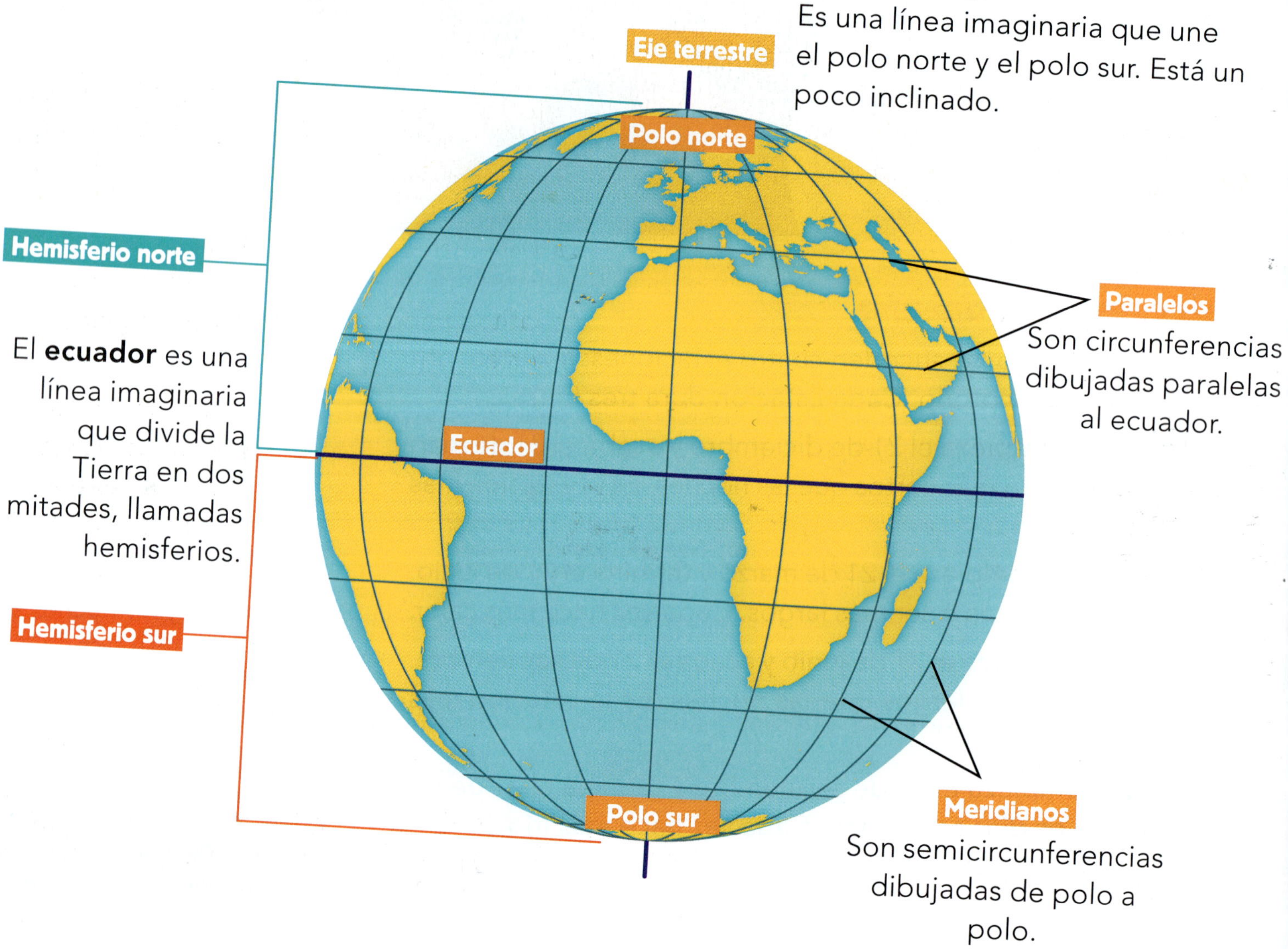

El mapamundi

El mapamundi o planisferio es una representación de la superficie terrestre en un plano. En él aparecen los seis continentes, los océanos y los mares.

Para localizar puntos en la superficie terrestre, en el mapamundi aparece también el ecuador y otras líneas horizontales (paralelos) y verticales (meridianos).

La distancia de cualquier punto al ecuador es la latitud. Hablamos de latitud norte y de latitud sur según donde esté el punto, al norte o al sur del ecuador.

La distancia de ese mismo punto al meridiano es la longitud. Hablamos de longitud este o de longitud oeste, según donde esté el punto, al este o al oeste de ese meridiano.

Comprende, piensa...

1 ¿Qué forma de representación de la Tierra utilizarías para apreciar las proporciones reales de los océanos y los continentes?

2 Define con tus palabras los términos *paralelo, eje terrestre, ecuador* y *meridiano*.

3 Explica la diferencia entre la latitud y la longitud de un punto.

4 Investiga cuáles son las coordenadas geográficas de tu localidad. A continuación, explica su significado.

Pensando en la Tierra

La Tierra, ¿plana o esférica?

A lo largo de la historia se han elaborado diversas teorías sobre la esfericidad de la Tierra. Veamos algunos ejemplos.

- En un texto de la India del siglo XX a.C. y en un libro egipcio del siglo XV a.C., ya se describe la Tierra de forma esférica.
- Entre los siglos IV y III a.C., filósofos griegos como Platón y Aristóteles, defendieron que la Tierra, y el resto de planetas, eran redondos y se movían debido a «fuerzas divinas».
- Posteriormente, la Biblia desmentía estas teorías y afirmaba que la Tierra era plana.
- En el siglo XVII, los científicos Copérnico y Galileo Galilei formulan sus teorías sobre la esfericidad de la Tierra. Con ello se comenzó a asimilar y asumir la forma actual de la Tierra.

La confirmación práctica de la teoría de la esfericidad terrestre la inició Cristóbal Colón en 1492 cuando, en su afán por llegar a la India viajando hacia el oeste, descubrió América. A partir de ahí, una expedición capitaneada por Fernando de Magallanes y finalizada por Juan Sebastián Elcano, en 1522, dieron la primera vuelta al mundo, confirmando que la Tierra era «redonda».

Comprende, piensa...

1 Folio giratorio Imagina que eres Cristóbal Colón, ¿cómo convencerías a los Reyes Católicos para que financien tu viaje?

2 Pienso-me interesa-investigo Investiga sobre algunas de las personas que defendían que la Tierra era redonda y explica en qué basaban sus argumentos.

El ser humano pisa la Luna

La conquista del espacio

El día 16 de julio de 1969, la nave espacial Apolo 11 fue enviada a la Luna desde Florida, Estados Unidos.

Tras cuatro días de viaje, el 20 de julio los astronautas aterrizaron en la Luna. Uno de ellos, Neil Alden Armstrong, dijo tras posar el pie en el satélite de la Tierra: «Un pequeño paso para un hombre, pero un gran paso para la humanidad».

Sin duda, la misión es considerada como uno de los momentos más importantes de la exploración humana.

A partir de ese momento, han sido muchas las expediciones que han viajado al espacio y han llegado a la Luna con la intención de investigar sus características.

Comprende, piensa...

1 Si hubieras sido tú el astronauta o la astronauta que pisó la Luna, ¿qué hubieras dicho?

2 Los inventos ¿Qué nave inventarías para viajar a la Luna? Dibújala.

1 2 3 Paso 4

Escribimos la presentación de cada personaje y ensayamos la escenificación.

Escribid la presentación de los personajes. Para ello, es útil tener en cuenta el color, el lugar que se ocupa con relación al Sol, qué planeta hay cerca o el tamaño.

Ensayad la presentación y la escenificación. Podéis desplazaros por líneas dibujadas en el suelo para cada personaje.

Recordad que la persona que representa el personaje de la Tierra realizará el movimiento de rotación sobre su propio eje y, a su vez, girará alrededor del personaje que haga de Sol, haciendo el movimiento de traslación.

Del mismo modo, el personaje de la Luna girará alrededor del personaje que represente a la Tierra.

Zona técnica

El telescopio

El telescopio es uno de los inventos más importantes de la historia de la ciencia.

Fue inventado por Galileo Galileo en 1609, con el propósito de observar el sistema solar.

Pero ¿qué es un telescopio? Es un instrumento óptico que sirve para ver agrandados objetos lejanos que no vemos a simple vista, o que los vemos muy mal debido a su lejanía.

¿En qué consiste un telescopio?

El telescopio de Galileo consistía en dos lentes, una cóncava y otra convexa, colocadas en los extremos de un tubo de plomo.

A partir de entonces han seguido evolucionando, hasta llegar a los complejos telescopios actuales. El mayor de ellos es el Gran Telescopio Canarias (GTC), con el que se podrían distinguir los faros encendidos de un coche que estuviera a 20 000 km de distancia.

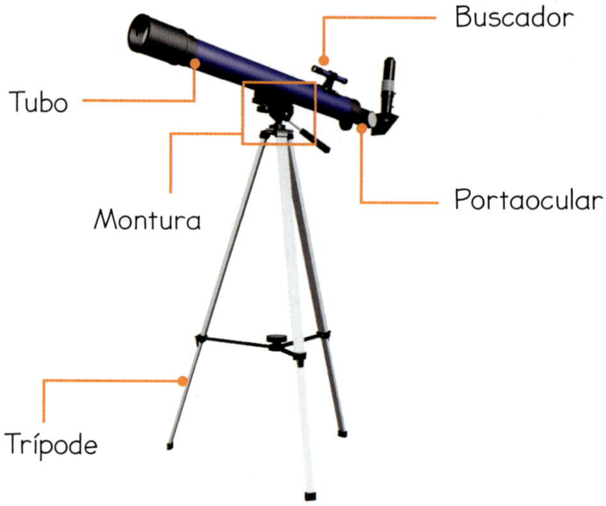

Construye tu propio telescopio

Materiales:

- 2 tubos de cartón de diferente tamaño.
- 2 lupas de diferente tamaño (como los tubos).
- Cinta adhesiva.
- Cartulina.
- Pinturas de colores.
- Trapo.

Pasos:

1. Forra los tubos con la cartulina.
2. Pega con cinta adhesiva la lupa grande al extremo del tubo grande.
3. Pega la lupa pequeña al tubo pequeño, apartando la cartulina para que se pueda deslizar.
4. Introduce el tubo pequeño en el grande y fíjalo en el centro con cinta adhesiva.
5. Coge el telescopio por los mangos de las lupas y empieza a explorar.

1 2 3 4 Paso

Realizamos la escenificación.

Realizad la escenificación completa.

Se podrá grabar en vídeo y mostrar a todo el colegio, a las familias y colgar en la web del colegio.

Organizo mi mente

Completa el mapa mental con los términos del apartado «Colecciono palabras».

- **La Tierra**
  - Atmósfera
  - ?
  - Geosfera
  - Nos ayuda a representarla
    - Ecuador
    - Meridianos y ?
  - Se mueve
    - Rotación
      - Día y noche
    - ?
      - Estaciones del año
  - Tiene un ?
    - **La Luna**
      - Luna nueva, cuarto creciente, luna llena y cuarto ?

anayaeducacion.es Dispones de una versión imprimible de esta página en el apartado «Organizo mi mente» del banco de recursos.

anayaeducacion.es No olvides consultar los apartados «Para estudiar» y «Aprende jugando» en el banco de recursos.

Colecciono palabras

1 En tu cuaderno de Sociales crea el apartado «Diccionario». En él escribe las definiciones de las palabras que se van a proponer en cada una de las unidades.

Paralelos · Traslación · Mareas · Hidrosfera

Menguante · Satélite

Qué he aprendido

1 ¿De qué está formado el sistema solar?

2 Nombra las partes o capas de la Tierra. Escríbelas en tu cuaderno o dibújalas.

3 ¿Qué ocurriría si la Tierra rotase más rápido?

4 Busca cuáles son los elementos de un globo terráqueo y defínelos.

5 ¿De qué cuerpo geométrico tiene forma la Tierra cuando está representada en un globo terráqueo?

6 Copia el cuadro en tu cuaderno y escribe verdadero (V) o falso (F) en las casillas correspondientes.

	El planisferio o mapamundi nos permite representar la superficie de la Tierra sobre una superficie curvada.
	El mapamundi físico nos muestra las características o accidentes geográficos del planeta.
	El ecuador es una línea imaginaria que divide la Tierra en dos mitades, llamadas hemisferios.
	Las líneas horizontales del mapamundi se llaman meridianos, y las verticales, paralelos.
	En el mapamundi aparecen tres hemisferios.

Copia y completa EN TU CUADERNO

7 Escribe en tu cuaderno de qué estación del año se trata:

a) Empieza el 21 de marzo y termina el 21 de junio.

b) Empieza el 21 de septiembre y termina el 21 de diciembre.

c) Empieza el 21 de junio y acaba el 21 de septiembre.

d) Empieza el 21 de diciembre y acaba el 21 de marzo.

8 ¿Cuántos satélites tiene la Tierra? Escribe su nombre en tu cuaderno.

9 ¿Por qué hay día y noche? Explica brevemente el proceso que lo provoca.

10 Define los siguientes elementos del globo terrestre:

a) Ecuador.

b) Meridianos.

c) Paralelos.

Cómo he aprendido

PORTFOLIO 1

anayaeducacion.es
Para elaborar tu portfolio, puedes guardar actividades, curiosidades, imágenes, anécdotas u opiniones relacionadas con el estudio de cada unidad. Encontrarás orientaciones sobre cómo hacerlo y la versión imprimible de esta página en el apartado «Portfolio» del banco de recursos.

1 Escribe en tu cuaderno algo que has aprendido en esta unidad y que desconocías.

2 Realiza una pequeña lista con todo aquello que deberías repasar o aprender mejor de lo trabajado en la unidad.

3 Compruebo. Aprendo mejor cuando:

Participo en clase			
Realizo todas las actividades			
Presto atención en clase			
Alguien me ayuda			

(Verde = fácil; naranja = ni fácil ni difícil; rojo = difícil).

4 Mi momento preferido. Me he sentido muy bien trabajando en esta unidad cuando...

anayaeducacion.es
Descubre y comparte en familia.

5 Escribe en tu cuaderno al menos una oración donde expliques para qué te ha servido lo aprendido en la unidad.

2 Las rocas y los minerales

En su visita a la fábrica de ladrillos, Teresa ha aprendido que de la arcilla se obtienen muchos productos. Además de ladrillos, ha visto cómo se fabrican tejas, azulejos, placas para suelos... ¡Nunca había visto tantos ladrillos juntos!

La encargada de la fábrica ha explicado cómo se obtiene la materia prima, que en este caso es una roca: la arcilla. Ha detallado cómo es transportada, limpiada y secada, para después humedecerla y moldearla con máquinas.

Una vez obtenidos los ladrillos, se cuecen en unos hornos a alta temperatura, y así se endurecen. Cuando se enfrían, están listos para ser utilizados en construcciones de todo tipo.

Teresa ha recordado entonces lo bien que se le da moldear con plastilina y ha preguntado.

Los minerales nos rodean

Las rocas y los minerales están presentes en nuestras vidas. Podemos encontrarlos en la construcción, en la decoración, como herramientas o como fuentes de energía. Por ejemplo, escribimos con lápices que suelen tener en su interior una mezcla de un mineral llamado grafito y una roca como la arcilla.

Te proponemos un reto

¿Eres capaz de demostrar lo que sabes sobre las rocas y los minerales?

Para superar el reto... investigo y aprendo

- La litosfera. Las rocas
- Los minerales
- Utilizamos los materiales terrestres

Para demostrar que lo he superado... construyo una caja de minerales

Paso 1 Preparamos la caja que nos servirá para exponer las rocas y minerales y elaboramos algunos rótulos.

Paso 2 Colocamos los fragmentos de rocas y minerales, y la información escrita que los acompaña.

Paso 3 Hacemos una exposición con las cajas.

La litosfera. Las rocas

La **litosfera** es la capa sólida de la Tierra. Está formada por la corteza terrestre y la parte externa del manto. En esta capa se encuentran las rocas sólidas que pueden formar parte del relieve continental o bien del relieve submarino.

Continentes

Pueden estar cubiertas por bosques, cultivos, pueblos, etc. Otra parte forma grandes macizos montañosos sin vegetación.

Fondos marinos

La gran mayoría de las rocas se encuentran cubiertas de agua de los océanos y mares.

Las rocas

Cada **roca** es una mezcla de granos de una o de varias sustancias sólidas, llamadas **minerales.**

Las rocas se diferencian por su **composición** y su **textura.** El estudio de las rocas se llama petrología.

Comprende, piensa...

1 ¿Dónde se encuentra la mayoría de las rocas?

2 Comprobamos Imagina que eres geólogo o geóloga; ¿sabes en qué consiste esta profesión? ¿En qué te fijarías para diferenciar una roca de otra? Razona tu respuesta.

Composición

Las rocas pueden estar constituidas por granos de un solo mineral o de varios minerales.

Textura

Es la forma y la disposición de los granos en las rocas.

1 Paso 2 3

Preparamos la caja que nos servirá para exponer las rocas y minerales y elaboramos algunos rótulos.

Este trabajo lo realizarás en grupo de cuatro o cinco personas. Prepara una caja de cartón de tamaño medio, en la que introducirás los fragmentos de rocas y minerales que más adelante elegirás. En la base de la caja se colocarán los fragmentos, tal como veremos en el paso 2. En la parte interior de la tapa de la caja puedes poner información escrita, dibujada e imágenes relacionadas para que se vea cuando abras la tapa. Escribe un título en la parte exterior de la caja.

Es importante que reserves un espacio en la base de la caja para los fragmentos de rocas y otro para los de minerales. Preguntaremos si tenemos en casa o en el colegio algún fragmento de roca o mineral que pudiera traerse para incluirlo en la caja.

Los minerales

Los minerales y sus propiedades

Los **minerales** son las sustancias sólidas que componen las rocas.

Cada mineral tiene unas propiedades únicas: **forma, brillo, color, dureza** y **densidad.**

La forma

Su forma suele presentar granos irregulares o láminas. Pero también pueden tener formas geométricas, llamados cristales.

La fluorita tiene forma geométrica.

La moscovita tiene forma irregular.

El cuarzo tiene un brillo vítreo.

La pirita tiene un brillo metálico.

El brillo

Es el aspecto de su superficie según el modo en el que refleja la luz. Puede ser metálico, vítreo, nacarado, etc.

El color

Muchas veces, la superficie del mineral está sucia y no se aprecia su color a simple vista. Debemos entonces rayar la superficie del mineral con algo más duro para ver su color real: el **color de la raya.**

La turquesa es de color azul.

El azufre es de color amarillo.

La dureza

Es la resistencia de un mineral a ser rayado. Cuanto más duro es el mineral, más cuesta rayarlo.

El diamante es el mineral más duro.

El talco es el mineral más blando.

La densidad o peso específico

Es la relación que hay entre la masa de un mineral y su volumen. Los que contienen metales son los más densos.

La sepiolita es un mineral poco denso.

La galena es un mineral muy denso, porque contiene plomo.

Comprende, piensa...

1 ¿Qué son los minerales?

2 La pregunta Inventa una pregunta que tenga por respuesta «El brillo».

3 ¿Qué propiedad de un mineral es su resistencia a ser rayado?

4 ¿Qué es el color de la raya de un mineral? ¿Por qué se recurre a ella?

1 2 Paso 3

Colocamos los fragmentos de rocas y minerales, y la información escrita que los acompaña.

En este apartado has conocido algunos de los minerales más habituales, y en el anterior apartado, ejemplos de rocas. También puedes traer otros que no estamos tan acostumbrados a ver.

Para cada fragmento realiza una pequeña ficha de cartulina con las características más importantes que hayas estudiado sobre las rocas y los minerales, como el nombre, la forma, el color…

Observa el modelo que se propone, pues te ayudará a realizar la ficha. Sitúa las fichas bajo cada fragmento de roca o mineral o colócalas todas juntas en un lugar reservado para ello en la base de la caja.

Nombre: ....

Forma: ....

Brillo: ....

Color: ....

Principales usos: ....

Copia y completa EN TU CUADERNO Copia y completa

Utilizamos los materiales terrestres

Las zonas de la corteza terrestre de las que se extraen rocas, minerales y otros materiales útiles se llaman **yacimientos.**

La extracción de estos materiales puede hacerse de varias formas según el tipo de yacimiento: **cantera** o **mina subterránea.**

Curiosidad

La extracción puede hacerse también mediante **perforaciones,** por las que se introduce una tubería.

Las **canteras,** o minas a cielo abierto, son hoyos o cortes realizados en el terreno para explotar yacimientos superficiales.

Las **minas subterráneas** son pozos, túneles y galerías que se excavan para alcanzar yacimientos que se encuentran en zonas profundas de la corteza, bajo otras capas de roca.

Uso de los materiales terrestres

Las rocas y los minerales que extraemos de la tierra se utilizan como **materiales de construcción** y como **elementos decorativos.**

Materiales de construcción

- El granito, la caliza o el basalto son muy resistentes y se emplean para levantar muros.
- Las láminas de pizarra se utilizan para cubrir suelos, tejados, etc.
- Con la arcilla se elabora cerámica y ladrillos, ya que se puede modelar y cocer.

Granito

Pizarra

Ladrillo

Materiales decorativos

- El mármol se utiliza para realizar esculturas, debido a que es fácil de tallar y pulir y tiene bellos colores y texturas.
- El diamante, el rubí o el zafiro son piedras preciosas que se utilizan, junto al oro, para hacer joyas.

Comprende, piensa...

1 1-2-4 ¿Qué es un yacimiento? ¿Cómo pueden extraerse los materiales del interior de la tierra?

2 Investiga qué tipos de yacimientos existen en la comunidad. A continuación, elabora en tu cuaderno un pequeño informe sobre el tipo, el método de extracción y los usos que se le dan.

3 Explica qué utilización diferente a la habitual le darías a la arcilla.

4 CyR ¿Qué ocurriría si no hubiese rocas y minerales?

5 ¿Qué material utilizarías para hacer una escultura? ¿Y un anillo?

Zona técnica

Investigo los minerales que utilizo

A diario, sin darnos cuenta, utilizamos una gran cantidad de rocas y minerales. Aunque no los veamos, estamos rodeados de minerales por todas partes.

Cuando nos levantamos, vamos al baño a asearnos. Una vez dentro, los azulejos y las baldosas de suelos y paredes, los sanitarios cerámicos (lavabo, bañera, bidé, inodoro...), los grifos, el espejo, las bombillas, los enchufes. También lo que no se ve, como las tuberías.

Después nos dirigimos a la cocina para desayunar. También aquí estamos utilizando minerales: platos de cerámica, vasos de vidrio, cubiertos de metal, sartenes, la vitrocerámica; todo está fabricado con minerales. Incluso la sal que echamos en la comida, ¡también es un mineral!

A continuación, nos vestimos y cogemos la mochila, donde hemos metido los bolígrafos de plástico y los lápices de grafito; todos ellos realizados a base de minerales.

Salimos a la calle y casi todo lo que vemos es de origen mineral: las casas, las aceras, la calzada de asfalto, las farolas de hierro.

También los coches, los autobuses, los trenes, las bicicletas, las motos, los aviones, los barcos... emplean minerales en su fabricación.

1 Haz una lista con objetos que utilices a diario que hayan sido fabricados completamente o en parte con minerales.

1 2 3 Paso

Hacemos una exposición con las cajas.

Junto con tu grupo, puedes exponer la caja terminada. Invita a otras personas a que visiten la exposición de las cajas de rocas y minerales. También es una oportunidad para hacer fotografías y publicar el trabajo en la web o blog del colegio.

¡A disfrutar de la exposición de cajas de rocas y minerales!

¡Reto conseguido!

Organizo mi mente

anayaeducacion.es
Dispones de una versión imprimible de esta página en el apartado «Organizo mi mente» del banco de recursos.

anayaeducacion.es
No olvides consultar los apartados «Para estudiar» y «Aprende jugando» en el banco de recursos.

Copia y completa en tu cuaderno este mapa conceptual con los términos que aparecen en el apartado «Colecciono palabras».

Rocas

...?... de granos de una o varias sustancias sólidas.

Tienen composición y ...?... .

Se usan en la construcción, como materiales ...?... e industriales.

Se pueden extraer fuentes de energía.

Se obtienen de la ...?... .

Minerales

Sustancias ...?... que componen las rocas.

Propiedades: forma, brillo, color, dureza, ...?... .

Completa EN TU CUADERNO o en la versión imprimible

Colecciono palabras

1 Define estos términos e incorpóralos a tu diccionario.

Naturaleza | Densidad | Decorativos | Mezcla | Textura | Sólidas

Qué he aprendido

1 ¿En qué capa de la Tierra se encuentran las rocas?

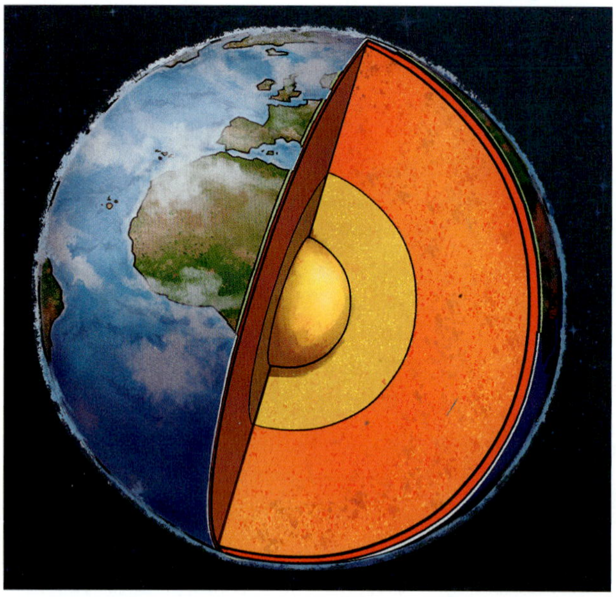

2 Escribe en tu cuaderno las propiedades de los minerales.

3 ¿Qué son la dureza y la densidad de un mineral?

4 Define en tu cuaderno las siguientes palabras.

- Litosfera.
- Roca.
- Mineral.
- Yacimiento.
- Cantera.

5 Relaciona cada concepto con su definición.

Cantera – Mina subterránea – Perforación

a) Agujero por el que se introduce una tubería para extraer líquidos o gases.

b) Hoyo o corte que se realiza en el terreno para explotar yacimientos superficiales.

c) Pozo, túnel o galería que se excava para alcanzar yacimientos que se encuentran en zonas profundas de la corteza, bajo otras capas de roca.

6 Localiza el material terrestre intruso de cada grupo y di por qué lo es.

a) Pizarra, arcilla, piedra preciosa.

b) Cemento, vidrio, carbón.

c) Diamante, mármol, granito.

7 ¿Qué nombre reciben los lugares donde se extraen rocas y minerales? Observa las imágenes y di cuál es una mina subterránea y cuál una cantera.

8 La extracción de materiales terrestres en minas y canteras puede tener consecuencias negativas para el medio ambiente y para la salud de las personas.

a) ¿Cómo crees que afecta una cantera al medio ambiente de la zona en que se encuentra?

b) ¿Cómo piensas que podrían evitarse los efectos negativos sin dejar de extraer el material?

9 ¿Qué usos le podemos dar a los materiales terrestres?

10 Nombra las rocas y los minerales que utilizarías para construir una casa.

Cómo he aprendido

1 Escribe en tu cuaderno algo que has aprendido en esta unidad y que desconocías.

2 Realiza una pequeña lista con todo aquello que deberías repasar o aprender mejor de lo trabajado en la unidad.

3 Compruebo. Aprendo mejor cuando:

Participo en clase			
Realizo todas las actividades			
Atiendo en clase			
Alguien me ayuda			

(Verde = fácil; naranja = ni fácil ni difícil; rojo = difícil).

4 Mi momento preferido. Me he sentido muy bien trabajando en esta unidad cuando...

5 Escribe en tu cuaderno al menos una oración donde expliques para qué te ha servido lo aprendido en la unidad.

PORTFOLIO 2

Recuerda seleccionar el material de trabajo de esta unidad para tu portfolio.

anayaeducacion.es
Dispones de una versión imprimible de esta página en el «Portfolio» del banco de recursos.

anayaeducacion.es
Descubre y comparte en familia.

Repaso trimestral

Escribe en tu cuaderno la respuesta correcta

1 ¿Cómo surgió el universo?

a) A partir de una gran explosión denominada *big bang*.

b) Por el choque de tres planetas, dos lunas y un satélite.

c) Surgió de la fusión de millones de estrellas.

2 ¿Cuántos planetas forman el sistema solar?

a) Ocho: Mercurio, Venus, Tierra, Marte, Júpiter, Saturno, Urano y Neptuno.

b) Nueve: Mercurio, Venus, Tierra, Luna, Marte, Júpiter, Saturno, Urano y Neptuno.

c) Nueve: Mercurio, Venus, Tierra, Marte, Júpiter, Saturno, Urano, Neptuno y Plutón.

3 ¿Cuáles son las cuatro partes de la Tierra?

a) Geosfera, hidrosfera, atmósfera y biosfera.

b) Hidrosfera, manto y núcleo.

c) Cortea, geosfera, hidrosfera y atmósfera.

4 ¿Cómo se denomina el giro que realiza la Tierra sobre sí misma alrededor de un eje imaginario, que pasa por los polos y que tarda 24 horas?

a) Movimiento gravitatorio.

b) Movimiento de rotación.

c) Movimiento de traslación.

5 ¿Cómo se denomina el giro que realiza la Tierra alrededor del Sol, que tarda 365 días y 6 horas?

a) Movimiento gravitatorio.

b) Movimiento de rotación.

c) Movimiento de traslación.

6 La sucesión del día y la noche en nuestro planeta se debe al:

a) Movimiento gravitatorio.

b) Movimiento de rotación.

c) Movimiento de traslación.

7 La mejor forma de representar nuestro planeta es mediante:

a) Un mapa físico.

b) Un globo terráqueo.

c) Un mapamundi.

8 ¿Qué nombre recibe la representación de la superficie terrestre en un plano?

a) Mapa.

b) Plano.

c) Mapamundi.

9 ¿En qué capa de la Tierra se encuentran las rocas?

a) En la litosfera.

b) En el núcleo.

c) En la corteza.

10 La mezcla de granos de una o de varias sustancias sólidas recibe el nombre de:

a) Roca.

b) Mineral.

c) Geosfera.

11 Las sustancias sólidas que componen las rocas son los:

a) Minerales.

b) Granos.

c) Núcleos.

12 Las propiedades únicas de los minerales son:

a) La composición y la textura.

b) La forma, el brillo, el color, la dureza y la densidad.

c) La forma, el brillo y el color.

Resuelve en tu cuaderno estas cuestiones

1 Explica brevemente los movimientos de la Tierra y sus consecuencias. ¿Qué nombre tienen estos movimientos?

2 Dibuja las diferentes fases lunares.

3 Escribe los nombres de las cuatro estaciones del año.

4 ¿Qué es un mapamundi y para qué sirve?

5 Explica brevemente las propiedades únicas que tiene cada mineral.

6 Nombra materiales terrestres que se utilicen en la construcción.

anayaeducacion.es Consulta la ficha «Usa las TIC de forma saludable IV» en el banco de recursos.

3 La hidrosfera

Esta noche, Eduardo ha soñado que, con un embudo gigante, era capaz de recoger agua de muchos lugares. Disfrutaba viendo cómo había grandes cantidades de agua por todas partes. Ríos, cascadas, lagos... de agua cristalina y pura.

Cuando ha despertado, se ha dado cuenta de que estaba con la boca seca y tenía mucha sed. Mientras bebía agua en el mismo vaso que aparecía en el sueño, ha contado extrañado a su padre lo que recordaba.

Sorprendido por el sueño que había tenido Eduardo, su padre le ha comentado que se trata de un sueño, y que los sueños suelen ser fantásticos. También le ha dicho que, aunque ha sido algo soñado, no está mal pensar en lo importante que es ayudar a que lugares reales como los que aparecían en su sueño sigan teniendo agua y que esté limpia.

Necesitamos la hidrosfera

Podemos ayudar a que el agua de nuestro planeta esté limpia y no la malgastemos. La necesitamos para vivir. Si nos lo proponemos, la utilizaremos adecuadamente y reduciremos la contaminación de la hidrosfera.

Te proponemos un reto

¿Te animas a reducir la contaminación de la hidrosfera?

Para superar el reto... investigo y aprendo

- El agua en la Tierra: la hidrosfera
- El ciclo del agua
- Las aguas subterráneas
- Las aguas superficiales
- Los ríos: elementos
- Los ríos: características

Para demostrar que lo he superado... realizo un cartel

- Paso 1: Diseñamos un cartel para un concurso de ideas.
- Paso 2: Realizamos el cartel.
- Paso 3: Presentamos el cartel en clase.
- Paso 4: Realizamos un concurso.

El agua en la Tierra: la hidrosfera

El planeta azul

La **hidrosfera** es el conjunto de todas las aguas de nuestro planeta: océanos, mares, ríos, lagos, glaciares, hielo que cubre los polos, aguas subterráneas e, incluso, el vapor de agua que forma las nubes.

Cubre, aproximadamente, el 70 % de la superficie terrestre. Por eso, desde el espacio, nuestro planeta se ve de color azul.

La mayor parte de esta agua es salada, solo una mínima parte es agua dulce.

Agua en diferentes estados

En la hidrosfera, el agua se encuentra en tres estados o formas: líquido, sólido y gaseoso.

La importancia de la hidrosfera

El agua de los mares y de los océanos absorbe el calor del sol y mantiene templada la Tierra.

Los animales necesitan el agua para el funcionamiento del cuerpo.

El agua es el medio en el que viven muchos seres vivos.

Las plantas necesitan el agua para fabricar su alimento en la fotosíntesis.

Los seres humanos utilizamos el agua para beber, para asearnos, en la industria, en el transportes, en el ocio, etc.

Comprende, piensa...

1 Observa un globo terráqueo a unos 20 metros de distancia. ¿Cuál es el color que prevalece?

2 ¿En qué tres estados podemos encontrar el agua en la hidrosfera?

3 Antes pensaba-ahora pienso Ordena de mayor a menor los motivos por los que creas que es importante el agua en la Tierra. Razona tu respuesta.

4 Debatid en clase sobre cómo evitar la contaminación del agua.

5 Petición del oyente Investiga sobre cómo funciona una depuradora y realiza un esquema con un dibujo explicativo.

Paso 1 2 3 4

Diseñamos un cartel para un concurso de ideas.

Vais a realizar un cartel que anuncie un concurso de ideas y acciones para conservar la hidrosfera.

- Dividid la clase en grupos de cuatro o cinco personas. Cada grupo realizará un cartel.
- En cada grupo, preparad el material necesario: cartulina o tablero grande, pinturas de colores, fotografías, dibujos...
- Cada cartel deberá llevar título, un eslogan sobre el tema del concurso, una imagen, la fecha del concurso, las personas, la clase o el colegio que lo organiza y el lugar en el que se celebra.

Será de gran ayuda consultar otros carteles para conocer mejor las partes que tienen. Los hay de muchos tipos. El vuestro será informativo.

El ciclo del agua

El movimiento constante del agua

La Tierra tiene siempre la misma cantidad de agua, aunque a veces nos dé la impresión de que el agua aparece y desaparece. Lo que ocurre es que el agua está constantemente en movimiento repartiéndose por distintos lugares del planeta.

- Los **ríos** llevan agua por la superficie terrestre hasta verterla al mar. Llevan más o menos agua según la estación.
- Las **nubes** se forman, van de unos sitios a otros, desaparecen, producen precipitaciones...
- Las **masas de nieve y de hielo** se forman durante el invierno y se derriten en las épocas cálidas.
- Las **aguas de lluvia** se filtran bajo la tierra y aparecen en fuentes y manantiales.

Lluvia

Glaciar

Río

Mar

El ciclo del agua

Como acabas de ver, el agua está en constante movimiento. El proceso que sigue el agua al pasar de la tierra a la atmósfera y, de nuevo, a la tierra se denomina **ciclo del agua.**

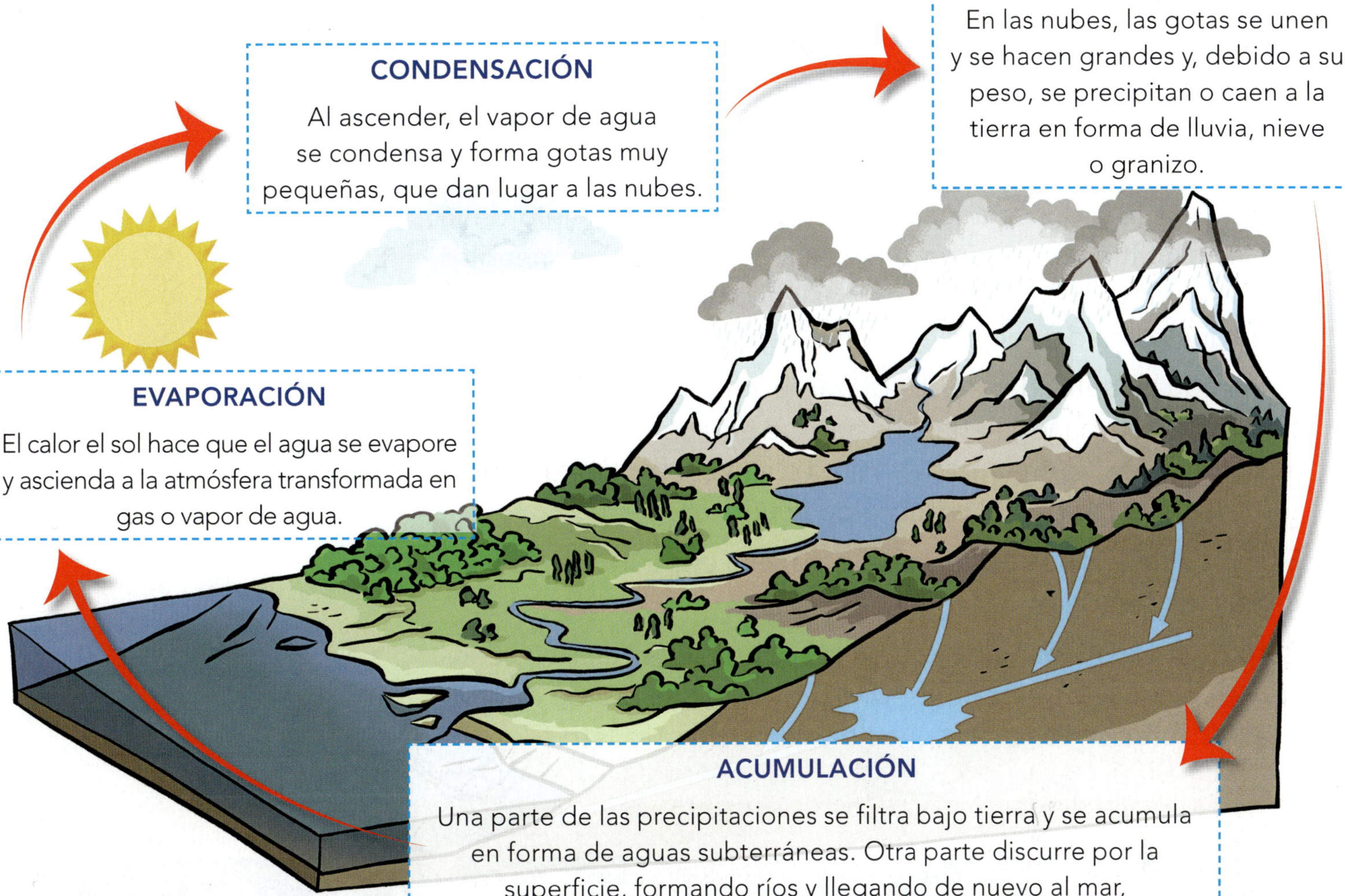

CONDENSACIÓN

Al ascender, el vapor de agua se condensa y forma gotas muy pequeñas, que dan lugar a las nubes.

PRECIPITACIÓN

En las nubes, las gotas se unen y se hacen grandes y, debido a su peso, se precipitan o caen a la tierra en forma de lluvia, nieve o granizo.

ACUMULACIÓN

Una parte de las precipitaciones se filtra bajo tierra y se acumula en forma de aguas subterráneas. Otra parte discurre por la superficie, formando ríos y llegando de nuevo al mar, comenzando de nuevo el ciclo del agua.

EVAPORACIÓN

El calor el sol hace que el agua se evapore y ascienda a la atmósfera transformada en gas o vapor de agua.

Comprende, piensa...

1. En pequeños grupos, observad las fotografías de la página anterior e indicad qué movimientos del agua se producen en cada una.
2. Realiza un breve esquema sobre el ciclo del agua. A continuación, explica a la clase qué ocurre en cada uno de sus procesos.
3. ¿Por qué crees que se denomina «ciclo» a los movimientos continuados del agua? Razona tu respuesta.
4. La pregunta Piensa en una pregunta para la siguiente respuesta: «El paso del vapor de agua a la atmósfera, la formación de las nubes, las precipitaciones, la circulación del agua subterránea, la circulación del agua por la superficie terrestre».

Curiosidad

El agua es el principal regulador de la temperatura terrestre.

Las aguas subterráneas

Las aguas de la hidrosfera pueden clasificarse en aguas subterráneas y aguas superficiales.

Las aguas subterráneas

Las **aguas subterráneas** son aquellas que están situadas por debajo de la superficie del suelo.

Se forman cuando las aguas de las lluvias y del deshielo de la nieve se infiltran en el terreno a través de las rocas permeables de la superficie. También podemos encontrar aguas subterráneas que proceden de infiltraciones de ríos y lagos.

Estas aguas infiltradas se desplazan por el interior terrestre a través de cuevas y galerías, hasta que se acumulan en zonas impermeables, formando depósitos o almacenes de agua subterránea que reciben el nombre de **acuíferos.**

El agua subterránea también se almacena entre los poros y las grietas de las rocas.

Pero no todo el agua que cae en la superficie terrestre se convierte en aguas subterráneas. Una gran parte se pierde debido a la evaporación, a la transpiración de las plantas, etc.

Acuífero

Las aguas subterráneas salen a la superficie

Las aguas subterráneas pueden salir a la superficie de forma natural o de forma artificial.

- De forma natural, a través de **fuentes** o **manantiales.**

Manantial

- De forma artificial, mediante la construcción de pozos. Un **pozo** es una perforación vertical del terreno para llegar hasta el agua subterránea acumulada.

Pozo

Comprende, piensa...

1. Explica cómo se forman las aguas subterráneas. ¿Cómo regresan a la superficie?
2. ¿Qué es un acuífero? ¿Y un manantial?
3. Investiga cómo se saca agua de un pozo.
4. Asamblea de ideas ¿Qué usos diferentes podemos dar a las aguas subterráneas?

Las aguas superficiales

Las **aguas superficiales** son aquellas que se encuentran sobre la superficie de la corteza terrestre.

Se producen a partir del agua de lluvia que cae en las precipitaciones, o por la salida al exterior de las aguas subterráneas. Pueden ser continentales o marinas.

- Las **aguas marinas** son las que forman los océanos y los mares, y se caracterizan porque son **saladas.** Cubren gran parte de la superficie terrestre.
- Las **aguas continentales** son las que forman los ríos, los arroyos, los lagos, las lagunas, etc., y se caracterizan porque son **dulces.**

Aprovechamiento de las aguas

Las aguas superficiales son aprovechadas por los seres humanos para desarrollar sus actividades (agricultura, ganadería, industria...) y para su propio consumo (higiene, limpieza, alimentación...).

Para ello se construyen **presas** en los ríos, que retienen el agua en embalses, lo que permite disponer de agua cuando no llueve y producir energía hidroeléctrica.

No obstante, en algunos casos, las aguas deben ser tratadas antes de ser consumidas por los seres humanos, mediante procesos de **desalinización** y **potabilización.**

Desalinizadora

Potabilizadora

Comprende, piensa...

1 ¿En qué se diferencian las aguas superficiales de las subterráneas?

2 Investiga qué es la desalinización y la potabilización.

3 ¿Qué usos diferentes podemos dar a las aguas superficiales?

4 ¿Qué tipos de aguas conoces? Realiza un esquema sobre ellas.

Las aguas continentales

En la alta montaña y en los polos se acumulan grandes cantidades de **hielo**.

En la superficie se forman corrientes de agua dulce, los **ríos**. Sus aguas se almacenan en grandes depósitos artificiales llamados **embalses**.

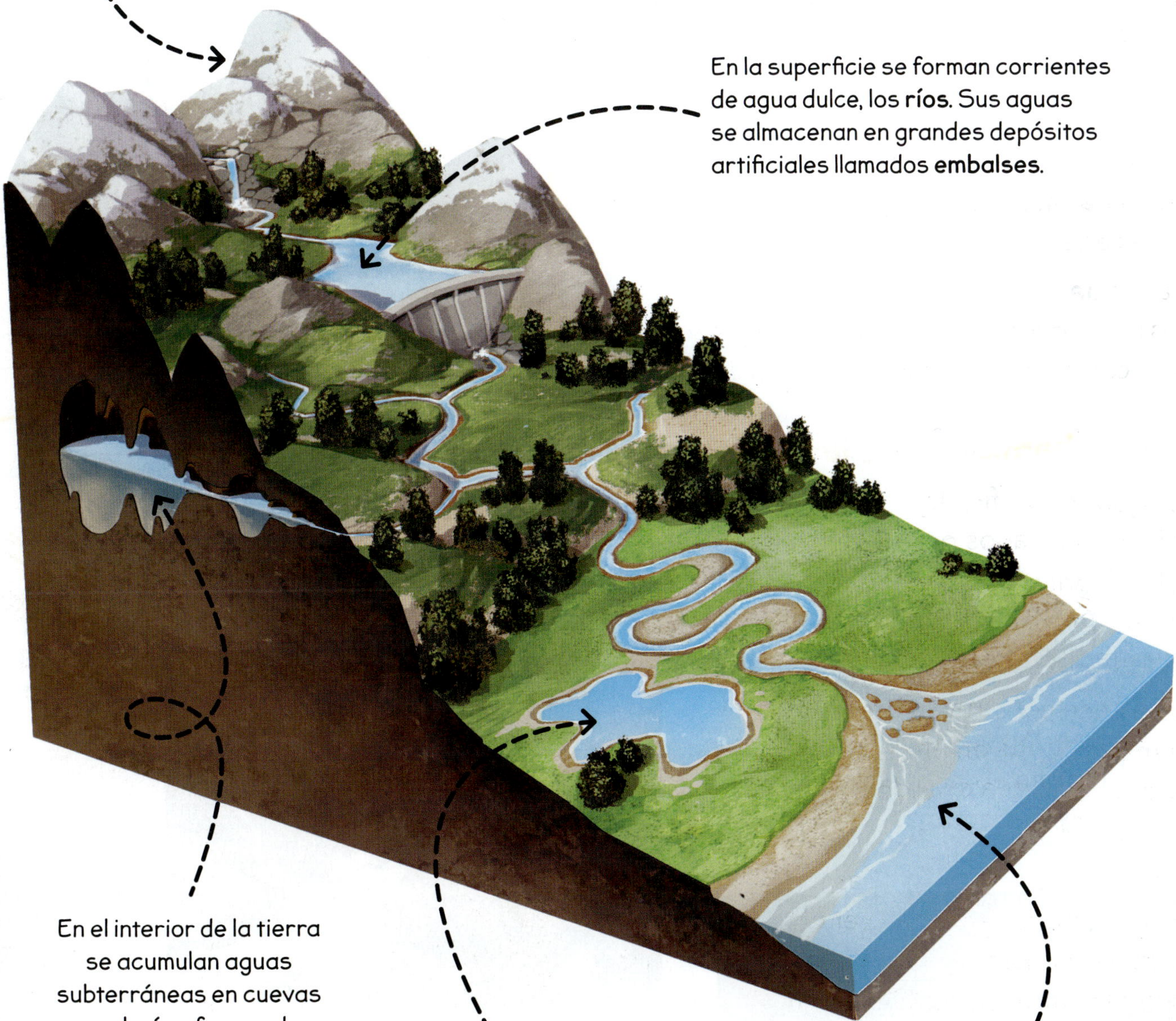

En el interior de la tierra se acumulan aguas subterráneas en cuevas y galerías, formando **acuíferos**.

En las depresiones del relieve se forman **lagos** y **lagunas**, depósitos naturales de agua.

Los mares y los océanos ocupan más de tres cuartas partes del planeta.

Los ríos: elementos

Los **ríos** son corrientes continuas de agua dulce que nacen en las montañas y desembocan en el mar, en un lago o en otro río.

El agua que llevan los ríos procede de la lluvia o de la nieve que se derrite.

El terreno por donde discurre un río recibe el nombre de **cauce.**

Las depresiones o inclinaciones del terreno que hacen que el agua de las montañas llegue al mar recibe el nombre de **cuenca hidrográfica.**

Comprende, piensa...

1 ¿En qué se diferencia un río de un afluente?

2 Observa las imágenes de esta página e identifica y describe las características de los ríos en cada tramo de su curso.

Elementos de los ríos

En cada río podemos distinguir varias partes o elementos:

Nacimiento

Es el lugar donde nace o brota el río. Suele ser en las montañas.

Curso

Es el recorrido que sigue un río desde su nacimiento hasta su desembocadura. Se pueden diferenciar tres tramos: curso alto, curso medio y curso bajo.

Curso alto

Es el tramo más cercano al nacimiento. Las aguas van muy rápidas porque hay mucha pendiente.

Cuando un río desemboca en otro río, decimos que es su **afluente.**

1 2 Paso 3 4

Realizamos el cartel.

Con los datos que aparecen en el paso 1, recoged en cada parte del cartel lo más importante, siguiendo estas instrucciones:

- Elegid un título, que sea breve y claro, con el tipo de concurso que anuncia.
- Puede aparecer debajo una frase con letra más pequeña que amplíe la información del título.
- Conviene que haya una imagen o ilustración en la parte central, que esté relacionada con el motivo del concurso (un cielo limpio, un río o mar con agua cristalina, un paisaje natural sin contaminación...). Podéis elaborarla en grupo o individualmente.
- Escribid junto a la imagen la fecha, la hora y el lugar en el que se va a celebrar el concurso.
- Las personas u asociaciones que organizan los carteles suelen estar en la parte inferior, con alguna marca o logotipo.

Curso bajo

Es el tramo próximo a la desembocadura. Aquí las aguas van muy lentas, debido a que apenas hay pendiente. Muchas veces, el río forma curvas muy pronunciadas, que reciben el nombre de **meandros.**

Curso medio

Es el tramo entre el curso alto y el curso bajo. La pendiente empieza a disminuir y las aguas bajan más lentas.

Desembocadura

Es la parte final del río, lugar donde vierte sus aguas, que puede ser el mar u otro río.

Los ríos: características

Características de los ríos

Las principales características de los ríos son la **longitud,** el **caudal** y el **régimen.**

Estas características diferencian a los ríos debido a dos **factores:**

- El **relieve,** que influye en la longitud y en la velocidad de las aguas.
- El **clima,** que repercute en el caudal y en el régimen de los ríos.

1 2 3 Paso 4

Presentamos el cartel en clase.

– Presentamos el cartel en el aula.
– Debatimos qué carteles resultan más interesantes para presentar al concurso.

Longitud

Es la distancia entre el nacimiento y la desembocadura.

Un río puede ser **largo** o **corto.**

Caudal

Es la cantidad de agua que lleva.

Un río puede ser **muy caudaloso** o **poco caudaloso.**

Régimen

Es la variación de caudal durante el año.

Un río puede ser **regular,** cuando no varía, e **irregular,** cuando pasa de grandes crecidas a estar casi seco.

Comprende, piensa...

1. Nombra las características de un río y explícalas con tus palabras.
2. Averigua cómo influye el relieve y el clima en las características de los ríos.
3. Observa el mapa y escribe los nombres de las vertientes hidrográficas españolas.
4. Investiga cuáles son los ríos más importantes de cada vertiente hidrográfica.

Las vertientes hidrográficas

El conjunto de tierras cuyos ríos desembocan en un mismo mar se conoce con el nombre de **vertiente hidrográfica.**

Así, por ejemplo, en la península ibérica hablamos de vertiente **cantábrica,** vertiente **atlántica** y vertiente **mediterránea.**

Vertiente cantábrica

Vertiente atlántica

Vertiente mediterránea

Zona técnica

La energía hidroeléctrica

En las centrales hidroeléctricas se utiliza la energía hidráulica que genera el agua del cauce de los ríos para obtener energía eléctrica.

Para ello se construyen presas, que retienen el agua, alcanzando gran altura. El agua almacenada es conducida por tuberías, a gran presión, hasta una turbina hidráulica, que transmite la energía a un generador donde se transforma en energía eléctrica.

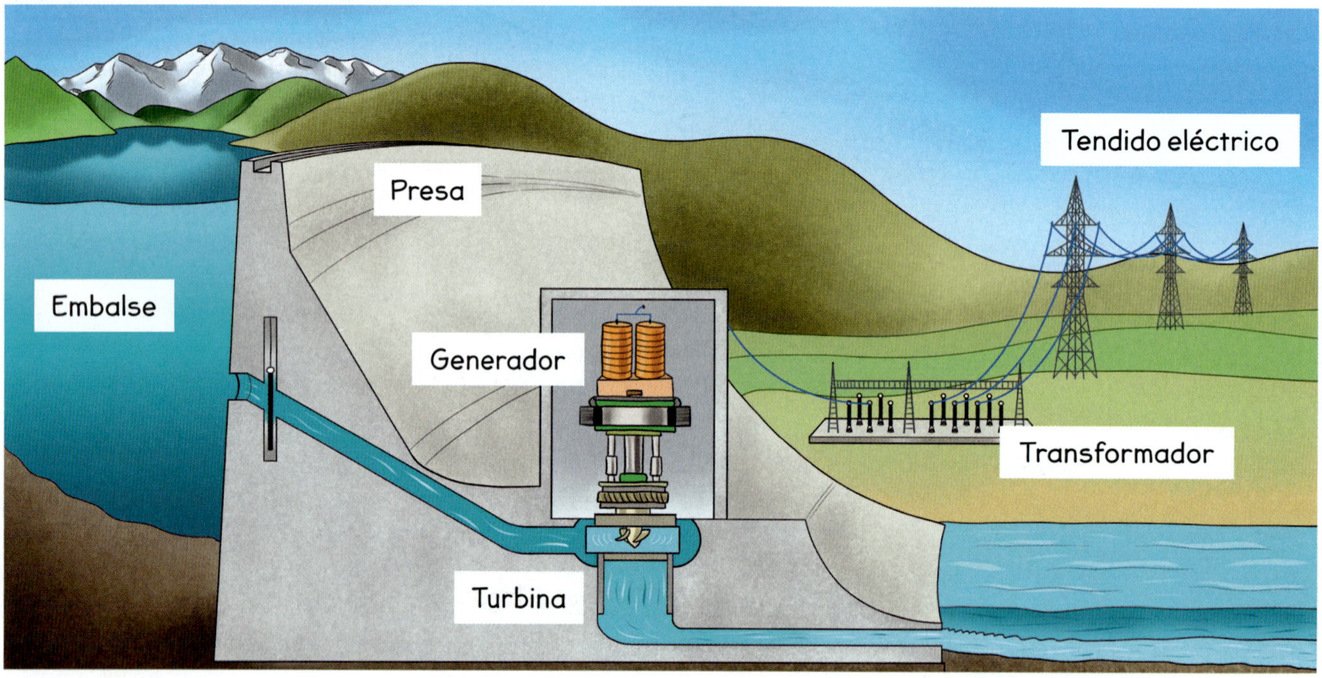

Cómo se construye una presa

1. Se elige un lugar del río estrecho.
2. Se inicia un túnel o gran tubería que desvíe el agua por dentro de la montaña rodeando lo que será la presa.
3. Se construye un muro que servirá de cimentación de la presa, con el objetivo de que el agua no pase a la zona de trabajo y la obligue a cursar por el túnel.
4. Se levanta la presa, y se construyen en ellas unas compuertas para controlar el nivel del embalse.
5. Se construye la sala de máquinas, donde se instalan las turbinas y los generadores, que serán los que transformen la energía hidráulica en energía eléctrica.

1 2 3 4 Paso

Realizamos un concurso.

- Junto con otras clases del centro educativo, exponemos en los pasillos los carteles elegidos.
- Colocamos una urna en la que se introduzca una hoja con el nombre del grupo que se presenta a concurso, con una idea redactada para conservar la hidrosfera y un pequeño dibujo que la represente.
- Decidid las que os han resultado más importantes y exponedlas junto a los carteles elaborados.

¡Reto conseguido!

Organizo mi mente

Copia en tu cuaderno este mapa conceptual y complétalo con los términos que aparecen en el apartado «Colecciono palabras»:

anayaeducacion.es Dispones de una versión imprimible de esta página en el apartado «Organizo mi mente» del banco de recursos.

anayaeducacion.es No olvides consultar los apartados «Para estudiar» y «Aprende jugando» en el banco de recursos.

El agua

- Se puede encontrar en
  - Estado sólido
  - Estado ...... ?
  - Estado gaseoso
- Experimenta cambios
  - Paso de vapor de agua a la ...... ?
  - Formación de las nubes
  - Precipitaciones
- Puede ser
  - Subterránea
    - Acuíferos
    - Ríos subterráneos
  - ...... ?
    - Mares
    - Océanos
    - Arroyos y lagos
    - Ríos
      - Elementos
        - ...... ?
        - Curso
        - Desembocadura
      - Características
        - Longitud
        - ...... ?
        - Régimen

Colecciono palabras

1 Define estos términos e incorpóralos a tu diccionario.

Nacimiento

Atmósfera

Superficial

Líquido

Caudal

Qué he aprendido

1 Observa la imagen y describe todas las formas en las que se puede ver el agua.

2 Observa el dibujo y responde a las siguientes preguntas.

a) ¿Qué representa la imagen?

b) ¿Qué ocurre en cada número?

c) Debate con tus compañeros y compañeras sobre la siguiente cuestión: Los procesos numerados, ¿suceden siempre en un orden u ocurren todos a la vez en diferentes lugares?

3 Indica verdadero o falso según corresponda. A continuación, corrige las falsas.

a) El curso alto del río está cerca de su nacimiento.

b) El cauce de un río es la cantidad de agua que lleva.

c) Los elementos que determinan las características de un río son el relieve, el clima y el paisaje.

d) El curso es la curva que forma en zonas de poca pendiente durante su recorrido.

4 ¿Qué son las aguas subterráneas? ¿Qué nombre reciben los depósitos o almacenes de agua subterránea?

5 Explica brevemente cómo salen a la superficie las aguas subterráneas.

6 ¿En qué se diferencia un pozo de un manantial?

7 Pon dos ejemplos de aguas continentales y dos de aguas marinas. ¿Cuáles son más abundantes en nuestro planeta?

8 Define los siguientes elementos de los ríos:

a) Curso alto   b) Curso medio   c) Curso bajo

9 Nombra las características de los ríos y explica en qué consisten.

10 Construye una maqueta con las vertientes españolas y sus ríos.

Cómo he aprendido

PORTFOLIO 3

Recuerda seleccionar el material de trabajo de esta unidad para tu portfolio.

anayaeducacion.es
Dispones de una versión imprimible de esta página en el «Portfolio» del banco de recursos.

1 Escribe en tu cuaderno algo que te ha ocurrido por primera vez a lo largo de esta unidad. Por ejemplo: he podido finalizar todas las actividades, he aprendido a hacer…, he conocido que…

2 Escribe en tu cuaderno tres palabras que no conocías y que has aprendido en la unidad.

3 Señala en tu cuaderno si ha sido difícil, ni fácil ni difícil, o fácil trabajar en:

La hidrosfera			
El ciclo del agua			
Las aguas subterráneas			
Las aguas superficiales			
Los ríos: elementos y características			

(Verde = fácil; naranja = ni fácil ni difícil; rojo = difícil).

Piensa cómo podrías mejorar alguna de estas cuestiones en caso de ser necesario.

4 ¿Qué has sentido estudiando los contenidos de la unidad? Marca tu estado de ánimo.

Entusiasmo
Alegría
Aburrimiento
Seguridad
Confusión
Agobio

5 Escribe en tu cuaderno al menos una oración donde expliques para qué te ha servido lo aprendido en la unidad.

anayaeducacion.es
Descubre y comparte en familia.

4 La atmósfera

Cayendo las últimas gotas de lluvia, Martina ha preguntado a su padre que por qué no salían a dar un paseo. Había estado lloviendo durante toda la mañana y le apetecía salir de casa.

El aire parecía respirarse mejor; estaba más limpio tras la lluvia. «Parece como si se hubiese limpiado la atmósfera», ha comentado el padre. «El aire estaba muy contaminado durante las últimas semanas y no veíamos el faro a lo lejos con tanta facilidad».

De pronto ha comenzado a salir el sol. Y como por arte de magia, ha aparecido un precioso arco iris sobre el faro. Martina le ha pedido a su padre que lo fotografiase antes de que desapareciera. «¡Menuda fotografía!», ha dicho el padre asombrado. Mientras tanto, ella señalaba el cielo diciendo: «Rojo, naranja, amarillo, verde...».

La atmósfera nos protege

Vivimos en un planeta en el que una capa de aire llamada atmósfera nos protege. Para que continúe haciéndolo, es necesario mantenerla libre de gases contaminantes. De lo contrario, podrían modificarse fenómenos atmosféricos como la lluvia, la temperatura o el viento. El estudio y medición de estos fenómenos se llama meteorología.

Te proponemos un reto

¿Eres capaz de estudiar la meteorología?

Para superar el reto... investigo y aprendo	Para demostrar que lo he superado... presento un informativo
La atmósfera	Paso 1: Registramos información sobre fenómenos atmosféricos.
Los cambios en la atmósfera	
Las zonas climáticas del planeta	Paso 2: Recogemos información sobre factores climáticos.
Los climas de España	Paso 3: Clasificamos el tipo de clima.
El cambio climático	
La meteorología. Los mapas del tiempo	Paso 4: Preparamos y presentamos el informativo meteorológico.

La atmósfera

¿Por qué es tan importante?

La atmósfera es imprescindible para la vida en la Tierra porque:

- Contiene el aire que los seres vivos necesitamos para vivir.
- Detiene los rayos solares perjudiciales para la salud y en ella se destruyen meteoritos.
- Evita que la superficie terrestre se caliente o enfríe mucho y muy rápido.
- Mueve las nubes de lluvia, repartiendo agua por la superficie de la Tierra.

Por eso debemos cuidarla y protegerla.

¡Protejamos la atmósfera!

Muchas actividades humanas contaminan la atmósfera: los humos de las calderas de calefacción, las chimeneas de las fábricas, los coches, etc.

Esta contaminación produce enfermedades y destruye el medio en que vivimos. Por eso debemos reducir la emisión de humos.

El tiempo atmosférico y el clima

El **tiempo atmosférico** es el estado de la atmósfera de un lugar en un momento determinado.

El **clima** es el conjunto de condiciones atmosféricas de una zona durante un año.

Paso 1 2 3 4

Registramos información sobre fenómenos atmosféricos.

La clase se divide en grupos de cuatro o cinco personas. Primero decidid los días (al menos una semana) sobre los que vais a presentar el tiempo y registrad la información.

1. Realizad fotografías del cielo. Anotad lugar, día y hora en que se realizan.
2. Con ayuda de instrumentos de medida que tengáis en el colegio (termómetro, pluviómetro), anotad la temperatura (a la entrada y a la salida del colegio) y la cantidad de lluvia caída a lo largo del día, si llueve.

Comprende, piensa...

1 Inventa dos preguntas para la respuesta: «En la parte baja de la atmósfera».

2 Las ventajas y los inconvenientes ¿Qué ocurriría si no existiera la atmósfera?

3 ¿Por qué es importante no contaminar la atmósfera?

4 Explica el significado de la siguiente afirmación: «La atmósfera hace posible la existencia de los seres vivos».

5 ¿Qué es el tiempo atmosférico? ¿Y el clima?

Los cambios en la atmósfera

Los factores climáticos

Los climas y su distribución en el planeta están condicionados por una serie de **factores** que influyen en sus características generales, principalmente en las temperaturas y en las precipitaciones de cada lugar.

Estos factores climáticos son la **latitud,** la **altitud,** el **relieve** y la **distancia al mar.**

La latitud

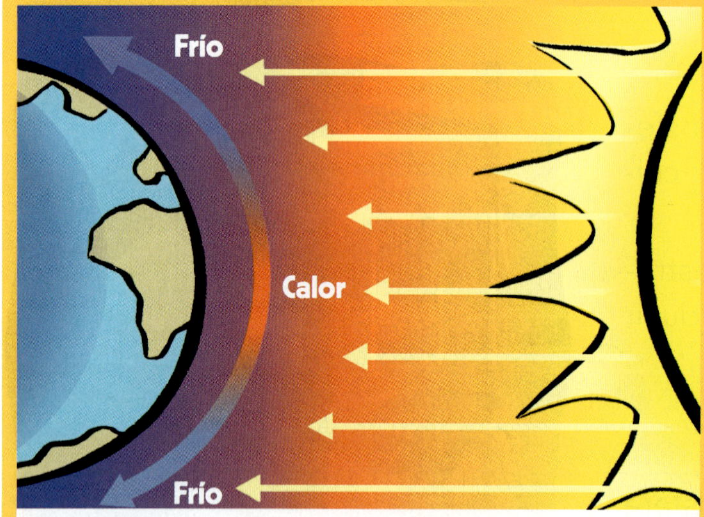

La **latitud** es la distancia de un lugar al ecuador. Cuanto más cerca esté, más cálido será su clima.

La altitud

La **altitud** es la altura sobre el nivel del mar. Cuanto más elevado esté un lugar, más frío será su clima, ya que la temperatura desciende 1 °C cada 150 metros de altitud.

El relieve

Las **montañas** elevadas impiden el paso de los vientos y frenan las nubes que, al chocar, provocan lluvias en las laderas de las montañas.

Distancia al mar

El **mar** se enfría y se calienta más lentamente que la tierra. Esto hace que, en verano, los vientos que van del mar a la tierra sean frescos, por lo que las temperaturas son más suaves en la costa que en el interior. Por el contrario, en invierno los vientos procedentes del mar son más cálidos, por lo que hace menos frío en la costa que en el interior.

Los fenómenos atmosféricos

Los fenómenos atmosféricos son los constantes cambios que se dan en la atmósfera como:

- El **viento.** Es el aire en movimiento.
- Las **precipitaciones.** Son la lluvia, la nieve o el granizo.
- La **humedad.** Es la cantidad de vapor de agua que se encuentra en el aire.
- Las **nubes.** Son grupos de gotas de agua líquida que se forman en la atmósfera.
- La **temperatura** provoca olas de calor y de frío.

1 2 Paso 3 4

Recogemos información sobre los factores climáticos del lugar en el que vivimos.

Buscad información sobre la latitud, la altitud, la distancia al mar y la presencia o ausencia de montañas próximas.

Anotad la información obtenida para la realización del informativo meteorológico.

Observad y apuntad las predicciones meteorológicas que se realizan para vuestra comunidad autónoma.

La **temperatura** se mide con el **termómetro.**

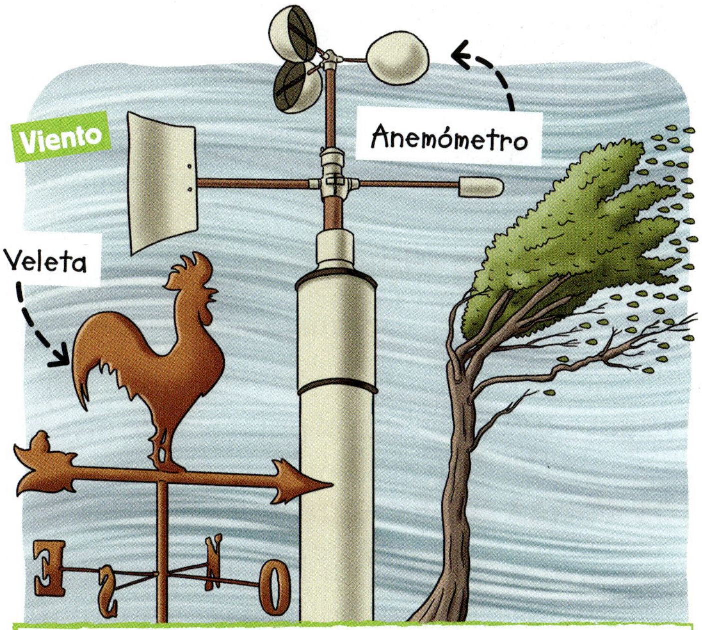

La velocidad del **viento** se mide con el **anemómetro,** y su dirección, con la **veleta.**

Las **precipitaciones** se miden con el **pluviómetro.**

Comprende, piensa...

1. ¿Cómo influyen la latitud y la altitud en el clima?
2. ¿A qué llamamos fenómenos atmosféricos?
3. Busca información sobre un fenómeno atmosférico y exponla a una compañera o a un compañero.
4. ¿Te has fijado alguna vez en la forma de las nubes? ¿Te recuerda alguna a un objeto o a algún animal? Escribe una o varias formas que recuerdes.

Las zonas climáticas del planeta

En la Tierra podemos distinguir varias zonas climáticas: una **zona de climas cálidos,** dos **zonas de climas templados** y **dos zonas de climas fríos.**

La zona de climas cálidos

Las temperaturas son muy cálidas (superiores a 18 °C). Pertenecen a esta zona los climas **ecuatorial, tropical** y **desértico.**

Las zonas de climas templados

Presentan grandes contrastes de temperatura a lo largo del año, que provocan una estación cálida (verano), otra fría (invierno) y dos de transición (primavera y otoño).

Sus principales tipos de clima son el **mediterráneo,** el **oceánico,** el **continental** y el **desértico templado.**

Las zonas de climas fríos

Las temperaturas son muy bajas y apenas existe el verano.

Sus tipos de climas son el **polar** y el de **alta montaña.**

Los climas de Europa

Europa se encuentra en la zona templada, por eso dominan los climas templados: **continental, mediterráneo** y **oceánico.**

No obstante, debido a la gran extensión del continente, también hay climas cálidos **(subtropical)** y fríos **(de montaña y polar).**

Zona fría

Comprende, piensa...

1 Nombra las zonas climáticas de la Tierra.

2 ¿En qué zona climática se encuentra Europa?

3 Escribe los climas templados que se dan en Europa.

4 Comprobamos Resolved en grupo qué zonas climáticas atravesaría un avión que vaya desde el polo sur hasta el mar Mediterráneo.

Las zonas de climas fríos

Situadas en ambos hemisferios, desde los círculos polares hasta los polos. También se extienden por las altas cordilleras.

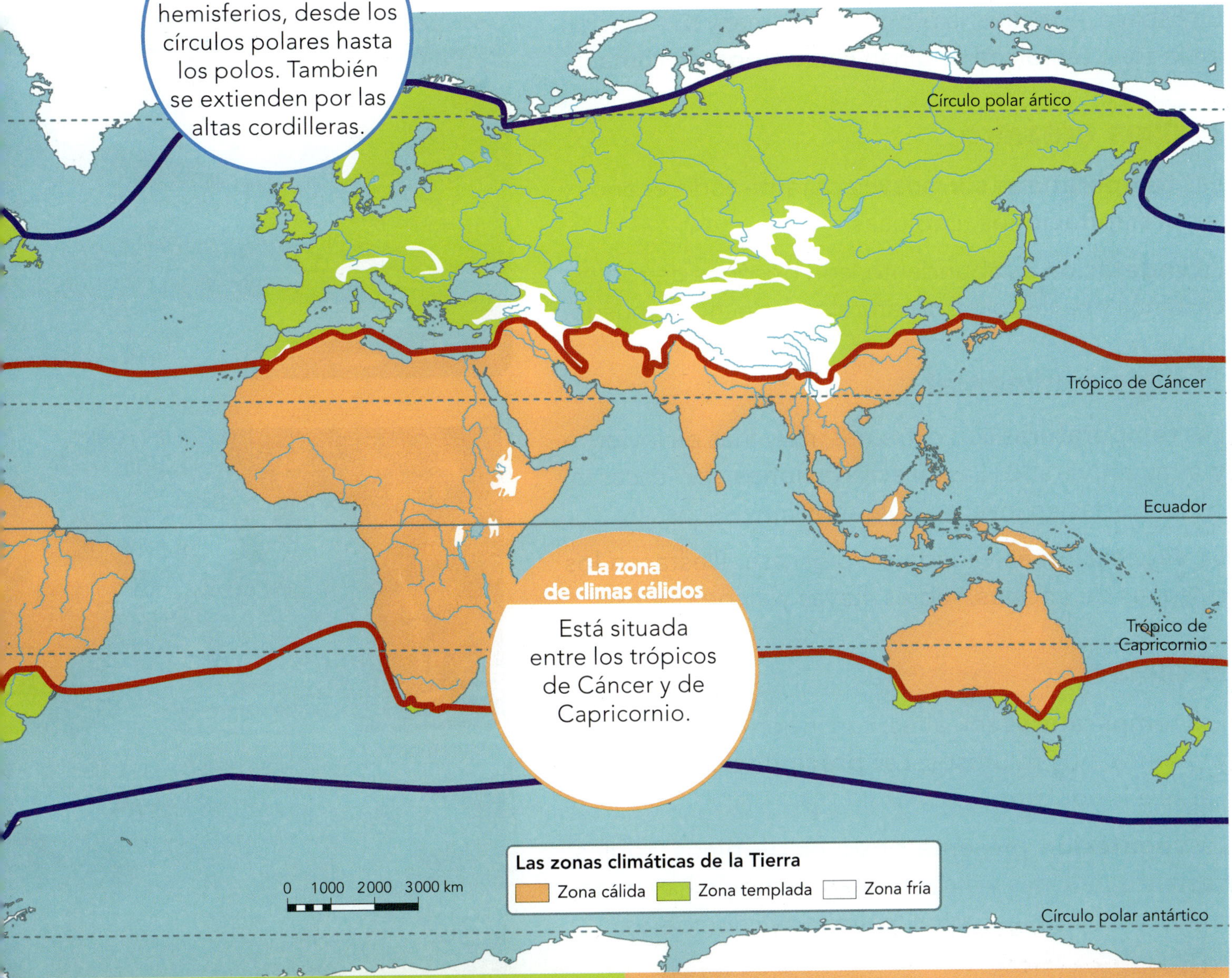

La zona de climas cálidos

Está situada entre los trópicos de Cáncer y de Capricornio.

Zona templada

Zona cálida

Los climas de España

En España, el relieve, la proximidad al mar y su situación en la zona templada originan **cinco tipos de climas:**

El clima oceánico

Las **temperaturas** son suaves durante todo el año, y las **precipitaciones,** copiosas.

La **vegetación** es abundante, con bosques de robles, castaños y hayas; prados naturales, helechos y musgo.

El clima continental

Las **temperaturas** son extremas, muy frías en invierno y altas en verano. Las **precipitaciones** son escasas, con nevadas en inverno y veranos muy secos.

La **vegetación** es variada pero escasa. Destacan los bosques de encinas, robles, hayas y alcornoques.

El clima mediterráneo

Las **temperaturas** son altas, con inviernos templados, y veranos muy calurosos. Las **precipitaciones** son escasas e irregulares.

La **vegetación** presenta bosques de pinos, robles, castaños, encinas y alcornoques. También hay matorrales, arbustos, espartos, palmitos y chumberas.

El clima de montaña

Las **temperaturas** son frescas en verano y muy frías en invierno. Las **precipitaciones** son abundantes, con nevadas en invierno.

La **vegetación** cuenta con bosques de encinas, robles, hayas, pinos, abetos, coníferas y prados.

El clima subtropical

Las **temperaturas** son cálidas durante todo el año y las precipitaciones muy escasas.

La **vegetación** es propia, o autóctona, con árboles como el drago, el pino canario y el laurel.

Oceánico

Continental

Mediterráneo

De montaña

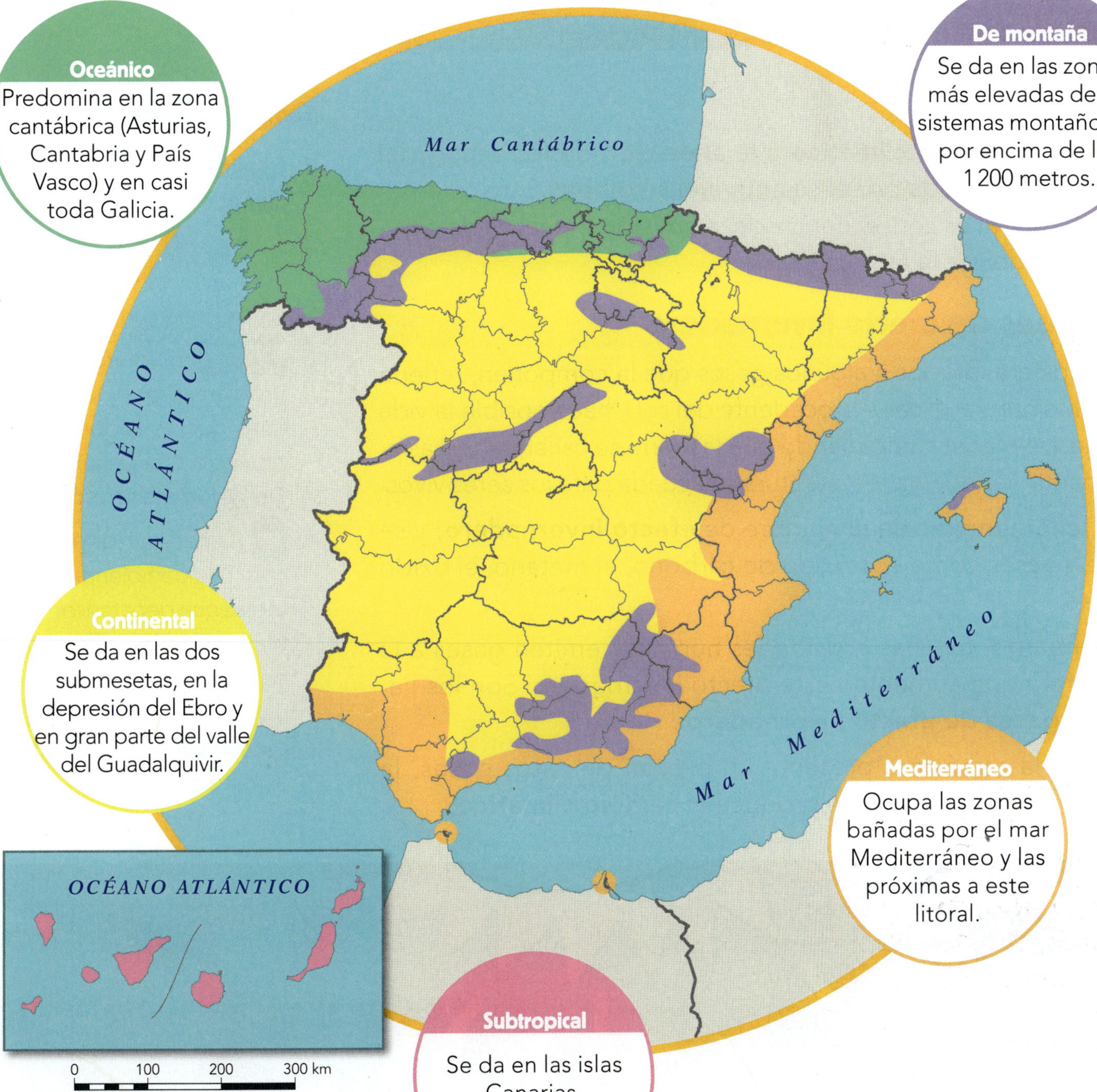

Oceánico

Predomina en la zona cantábrica (Asturias, Cantabria y País Vasco) y en casi toda Galicia.

De montaña

Se da en las zonas más elevadas de los sistemas montañosos, por encima de los 1 200 metros.

Continental

Se da en las dos submesetas, en la depresión del Ebro y en gran parte del valle del Guadalquivir.

Mediterráneo

Ocupa las zonas bañadas por el mar Mediterráneo y las próximas a este litoral.

Subtropical

Se da en las islas Canarias.

1 2 3 Paso 4

Clasificamos el tipo de clima del lugar en que vivimos.

Con la información sobre los climas de España, señalad cuál corresponde a vuestra zona.

Escribid las características del clima de vuestra región para luego presentarla en el informativo.

Comprende, piensa...

1. ¿Qué diferencias hay entre el clima oceánico y el clima mediterráneo? ¿Dónde se da cada uno de ellos?
2. Observa el mapa, ¿en qué zonas de la Península se da el clima continental?
3. ¿Qué tipo de clima se da en las islas Canarias?

El cambio climático

¿Qué es?

Llamamos **cambio climático** a la alteración de los climas del planeta, provocada por el calentamiento global. Este calentamiento global es consecuencia de la emisión de gases de efecto invernadero a la atmósfera.

Los gases de efecto invernadero

La atmósfera, gracias a algunos gases que la componen, retiene de forma natural el calor procedente del sol y hace posible la vida en nuestro planeta, impidiendo que la Tierra se caliente demasiado, manteniendo una temperatura adecuada para los seres vivos.

Este fenómeno recibe el nombre de **efecto invernadero,** y se debe a gases como el dióxido de carbono, el metano, el óxido nitroso…

Sin embargo, muchas actividades humanas emiten gases a la atmósfera que aumentan este efecto invernadero. Son los llamados **gases de efecto invernadero.**

Cuando la atmósfera presenta un exceso de estos gases, la temperatura aumenta y se produce el **cambio climático.**

Comprende, piensa...

1 Explica qué es el cambio climático y qué lo origina.

2 Con ayuda de la ilustración, explica en qué consiste el efecto invernadero.

3 1-2-4 Enumera los tres problemas medioambientales que consideres que provocan más perjuicio a la Tierra. Razona tu respuesta.

4 ¿Crees que los problemas medioambientales son temas que debaten los Gobiernos de los diferentes países? Investigad en grupo sobre esta cuestión y comunicad los resultados al resto de la clase.

1. Rayos solares reflejados al espacio por las nubes. **2.** Rayos solares que atraviesan la atmósfera y llegan a la superficie terrestre. **3.** Parte de la energía terrestre queda atrapada en la atmósfera. **4.** Energía emitida a la atmósfera por la Tierra.

Causas del cambio climático

El aumento del efecto invernadero es provocado por algunas actividades que realizamos los seres humanos, que emiten gases de efecto invernadero, como, por ejemplo:

- Los **medios de transporte** (coches, aviones...) y las **fábricas,** pues emiten gran cantidad de gases contaminantes.
- La **deforestación,** es decir, la tala de árboles de los bosques.
- El abuso de **consumo de energía** a través del uso de aparatos eléctricos.
- El **uso de aerosoles** (desodorantes, productos de limpieza, etc.).

Comprende, piensa...

5 Círculos de puntos de vista ¿Qué medidas tomarías para paliar el cambio climático? En grupo, elabora un listado de alguna de ellas. De todas ellas, di cuáles pones en práctica en tu vida diaria y explica a tu compañera o compañero los beneficios que esto produce.

6 Busca información en Internet sobre los animales en peligro de extinción y escribe una fábula en la que uno de ellos sea el protagonista. Para ello describe al animal, el lugar donde habita, lo que come y sus peligros.

Consecuencias del cambio climático

La principal consecuencia que sufre el planeta es el aumento de la temperatura media. Este hecho está provocando a su vez:

- *La descongelación del hielo de los polos y de los glaciares.*
- *El aumento del nivel de océanos y mares, con inundaciones de algunas zonas costeras.*
- *Enfermedades respiratorias.*
- *Sequías prolongadas en áreas que antes eran lluviosas.*
- *Migraciones de animales y humanos debidas a la falta de agua.*
- *Desaparición de muchas especies de seres vivos por los cambios producidos en su hábitat o ecosistema.*

Soluciones al cambio climático

Para evitar las consecuencias del cambio climático, debemos tomar algunas medidas urgentes:

- *Reducir la emisión de gases de efecto invernadero.*
- *Usar energías renovables (solar, eólica...).*
- *Reducir, reciclar y reutilizar los residuos y basura.*
- *Ahorrar y no malgastar energía, como la electricidad en el hogar.*

La meteorología. Los mapas del tiempo

La meteorología

La **meteorología** es la ciencia que estudia el estado del tiempo atmosférico y los fenómenos que ocurren en la atmósfera.

Las personas que se de dican a ello son los **meteorólogos** y las **meteorólogas.**

La predicción del tiempo facilita la vida de las personas y es muy importante para prevenir catástrofes meteorológicas.

Los mapas del tiempo

Los mapas del tiempo nos informan de las condiciones meteorológicas de un lugar en un momento determinado. Son los llamados mapas meteorológicos.

Los **mapas meteorológicos** describen el tiempo que hace o va a hacer en un lugar determinado de forma gráfica, mediante dibujos sencillos, como nubes, soles, etc.

Comprende, piensa...

1 ¿Qué estudia la meteorología?

2 ¿Cómo piensas que nos ayuda la meteorología en la vida cotidiana?

3 ¿Cómo representan el tiempo que va a hacer los mapas meteorológicos?

4 Observa el mapa del tiempo y explica el tiempo que hace en el norte y en el sur de la Península.

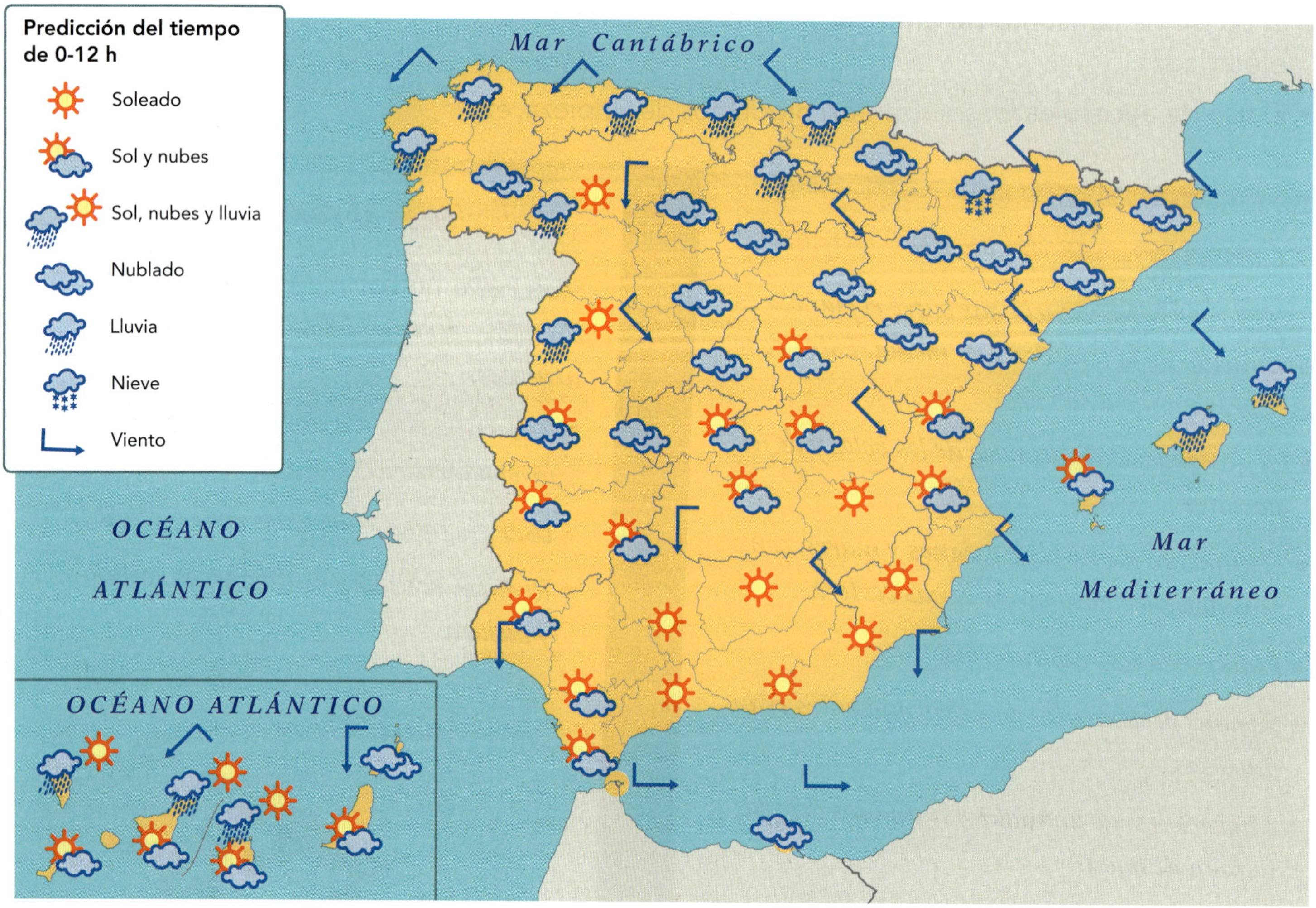

1 2 3 4 Paso

Preparamos y presentamos el informativo meteorológico.

Preparación del informativo meteorológico

Recopilad y ordenad toda la información obtenida en los tres pasos anteriores para el informativo meteorológico. Para ello seguid estos pasos:

1. Con los datos de las temperaturas y precipitaciones, realizad una tabla.
2. Después, cread las pantallas en formato digital o en papel para presentar esta información. Junto a la tabla, añadid las fotografías realizadas y mostrad las predicciones meteorológicas que hubo para esos días utilizando algún mapa del tiempo de vuestra zona.
3. Elaborad las demás pantallas con la información sobre los factores climáticos y las características del clima de vuestra zona.
4. Para concluir, explicad si las predicciones meteorológicas han coincidido o no con las vuestras.

Presentación

Repartid las pantallas u hojas del trabajo si lo presentáis en papel entre las personas que componéis el grupo y estudiad el texto que vais a exponer. Tenéis que tener en cuenta:

a) Al inicio de la exposición, hay que presentar un resumen de lo que se va a hablar.

b) Exponed de forma ordenada, utilizad un lenguaje sencillo que entienda toda la clase y hablad despacio. Ajustaos al tiempo establecido.

c) Al finalizar, agradeced la atención de la clase.

Zona técnica

Cómo hacer climogramas

Las estaciones meteorológicas miden con aparatos las temperaturas y las precipitaciones de un lugar determinado durante un año. Con ello podemos elaborar un gráfico llamado «climograma».

Para elaborar el climograma, necesitamos no solo datos de temperaturas y de precipitaciones, sino una hoja cuadriculada, regla y lápices. Ya podemos hacer nuestro climograma.

	E	F	M	A	M	J	J	A	S	O	N	D
Temperaturas (°C)	10,1	10,6	12,3	13,9	15,5	18,4	20	20	18,7	16,2	12,9	10,5
Precipitaciones (mm)	166	141	141	98	94	49	26	34	70	128	173	183

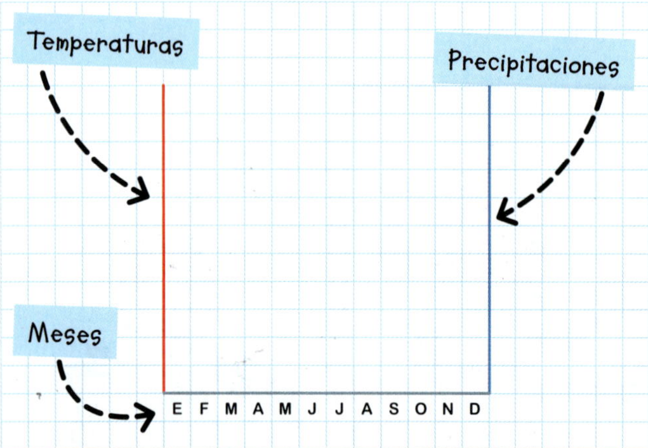

En horizontal, cogemos doce cuadrículas, una para cada mes del año, y escribimos debajo las iniciales.

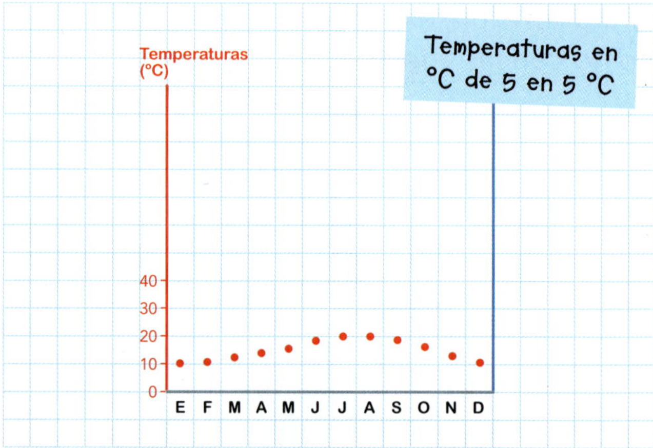

Con ayuda de la línea izquierda, marcamos las temperaturas con un punto rojo en el centro de cada mes.

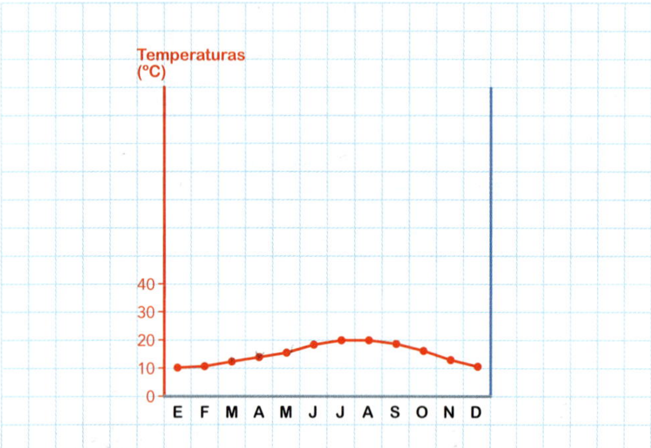

La unión de los puntos rojos nos da como resultado la evolución de la temperatura durante un año.

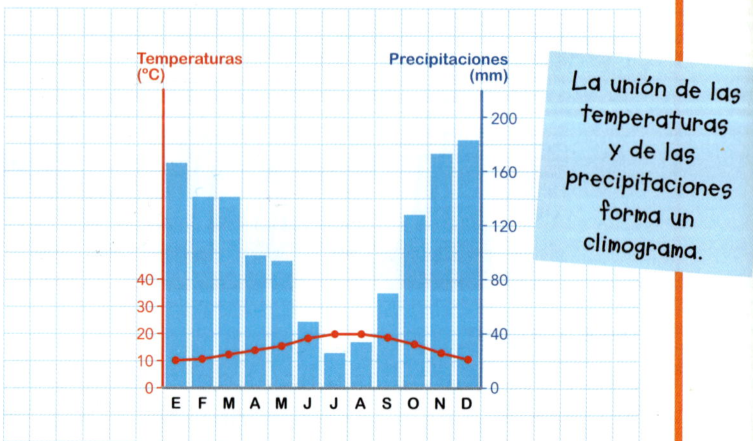

Con ayuda de la línea derecha, hacemos en cada mes una barra azul marcando las precipitaciones.

1 Fíjate en el climograma e indica cómo son las temperaturas y las precipitaciones a lo largo del año.

2 Busca datos de precipitaciones y temperaturas del pasado año de tu localidad y di qué meses fueron los más calurosos y cuáles los más lluviosos.

Organizo mi mente

anayaeducacion.es
Dispones de una versión imprimible de esta página en el apartado «Organizo mi mente» del banco de recursos.

anayaeducacion.es
No olvides consultar los apartados «Para estudiar» y «Aprende jugando» en el banco de recursos.

Copia en tu cuaderno este mapa conceptual y complétalo con los términos que aparecen en el apartado «Colecciono palabras»:

La atmósfera y el clima

- Está compuesta por
  - ? ......, gotas de agua, polen...
- Factores climáticos
  - Latitud
  - ? ......
  - Relieve
  - Distancia al mar
- Fenómenos atmosféricos
  - Viento
  - ? ......
  - Humedad
  - Etc.
- Diferencia entre
  - Tiempo atmosférico
  - ? ......
- Climas de España
  - ? ......
  - Continental
  - Mediterráneo
  - De montaña
  - ? ......

Colecciono palabras

1 Define estos términos e incorpóralos a tu diccionario.

Precipitaciones · Aire · Subtropical

Altitud · Oceánico · Clima

Qué he aprendido

1 ¿Qué es la atmósfera? ¿De qué está compuesta?

2 ¿Qué diferencia hay entre la parte baja y la parte alta de la atmósfera?

3 Pon dos ejemplos en los que se aprecie la importancia de la atmósfera para los seres vivos.

4 Di en qué imagen se está contaminando la atmósfera.

A

B

5 De los siguientes consejos, indica cuáles de ellos permiten reducir la contaminación. Razona cada una de las respuestas.

a) Utilizar placas solares en las viviendas.

b) Utilizar el coche particular en vez del transporte público.

c) Ducharse en vez de bañarse, y reciclar el agua de la ducha para otros usos.

d) Reciclar la basura que generamos en el hogar.

e) Dejar enchufados el calefactor, el televisor y otros aparatos eléctricos sin ser utilizados.

f) Utilizar bombillas de bajo consumo.

6 Define los siguientes términos:

Tiempo atmosférico

Clima

Fenómenos atmosféricos

7 Cita razones de por qué la predicción del tiempo es tan importante.

8 Observa el siguiente mapa e indica a la clase qué tiempo hará mañana en España simulando ser el «hombre o la mujer del tiempo».

9 En pequeños grupos y con la ayuda del libro de texto, completad la siguiente tabla sobre los climas de España.

	Localización	Temperatura	Precipitaciones
Oceánico			
Continental		Extremas	
Mediterráneo			Escasas o irregulares
De montaña		Bajas	
Subtropical	Islas Canarias		

Copia y completa EN TU CUADERNO

Cómo he aprendido

Recuerda seleccionar el material de trabajo de esta unidad para tu portfolio.

anayaeducacion.es Dispones de una versión imprimible de esta página en el «Portfolio» del banco de recursos.

1 Utiliza el semáforo para señalar lo que crees que has aprendido en cada apartado de la unidad.

La atmósfera			
Los cambios en la atmósfera			
Las zonas climáticas del planeta			
Los climas de España			
El cambio climático			
La meteorología y los mapas del tiempo			

(Verde = mucho; naranja = regular; rojo = poco).

2 Escribe en tu cuaderno algo que te ha ocurrido por primera vez estudiando esta unidad. Por ejemplo: he podido finalizar todas las actividades, he aprendido a hacer..., he conocido que...

3 Dibuja la diana en tu cuaderno, marca de 1 a 3 en qué nivel estás en cada aspecto y une los puntos al terminar.

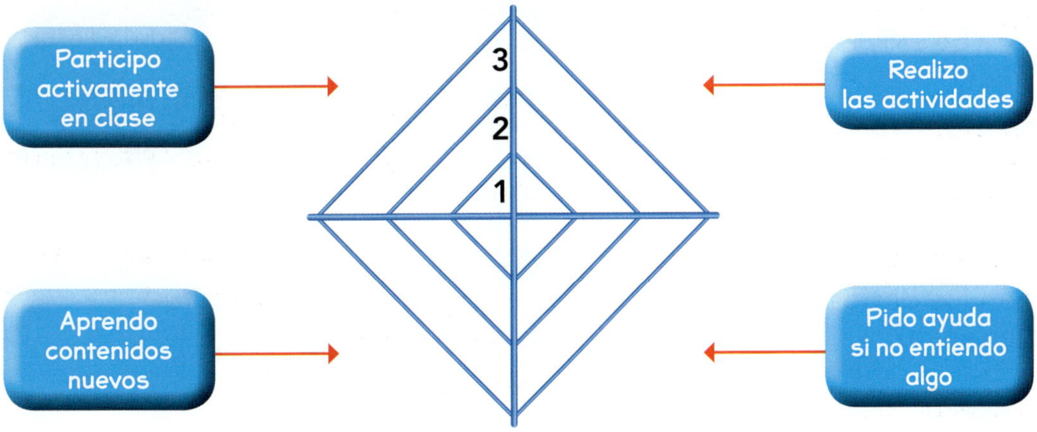

4 ¿Para qué crees que te ha servido lo aprendido? Redacta en tu cuaderno una lista de tres cuestiones para las que crees que te puede haber servido lo aprendido en la unidad.

anayaeducacion.es Descubre y comparte en familia.

Repaso trimestral

Escribe en tu cuaderno la respuesta correcta

1 El conjunto de todas las aguas del planeta recibe el nombre de:

a) Atmósfera.

b) Litosfera.

c) Hidrosfera.

2 ¿Qué nombre recibe el proceso que sigue el agua al pasar de la tierra a la atmósfera y de nuevo a la tierra?

a) Ciclo del agua.

b) Evaporación.

c) Condensación.

3 Las aguas que están situadas por debajo de la superficie del suelo reciben el nombre de:

a) Aguas superficiales.

b) Aguas subterráneas.

c) Aguas dulces.

4 ¿Qué nombre reciben los depósitos o almacenes de agua subterránea?

a) Acuíferos.

b) Cuevas hidráulicas.

c) Hidrosfera.

5 Las aguas continentales son las que forman:

a) Los océanos y los mares.

b) Los ríos, los arroyos, los lagos y las lagunas.

c) Los mares y los ríos.

6 ¿Qué nombre recibe el recorrido que sigue un río desde su nacimiento hasta su desembocadura?

a) Curso alto.

b) Curso.

c) Curso bajo.

7 ¿Qué nombre reciben las curvas muy pronunciadas que forman algunos ríos en su curso bajo?

a) Afluentes.

b) Meandros.

c) Manantiales.

8 El conjunto de todas las tierras cuyos ríos desembocan en un mismo mar se conoce con el nombre de:

a) Desembocadura.

b) Vertiente hidrográfica.

c) Cuenca hidrográfica

9 El estado de la atmósfera de un lugar concreto en un momento determinado recibe el nombre de:

a) Clima.

b) Tiempo atmosférico.

c) Estado atmosférico.

10 ¿Qué es el clima?

a) El estado de la atmósfera de un lugar en un momento determinado.

b) El conjunto de condiciones atmosféricas de una zona durante un año.

c) La capa más externa de la Tierra, donde se encuentran las nubes que producen los fenómenos atmosféricos.

11 Los factores climáticos son:

a) La latitud, la altitud, el relieve y la distancia al mar.

b) La temperatura, el viento, las precipitaciones y la humedad.

c) La latitud, la altitud, el relieve, la distancia al mar, la temperatura, el viento, la humedad y las precipitaciones.

12 Las olas de calor y de frío son fenómenos atmosféricos provocados por los cambios de:

a) Temperatura.

b) Humedad.

c) Precipitación.

13 ¿Qué nombre recibe la alteración de los climas del planeta, provocada por el calentamiento global?

a) Cambio climático.

b) Efecto invernadero.

c) Calentamiento global.

Resuelve en tu cuaderno estas cuestiones

1 ¿Cómo pueden salir a la superficie, de forma natural, las aguas subterráneas?

2 ¿En qué se diferencian el curso alto, el curso medio y el curso bajo de un río?

3 Explica con tus palabras en qué consisten las siguientes características de los ríos.

a) Longitud.

b) Caudal.

c) Régimen.

4 Nombra los tipos de clima que se dan en España.

5 ¿Qué es un mapa meteorológico y para qué sirve?

anayaeducacion.es Consulta la ficha «Usa las TIC de forma segura IV» en el banco de recursos.

5 La prehistoria

La vida en la prehistoria

En la prehistoria, el modo de vida era muy diferente al actual. La forma de vestir, de alimentarse, el tipo de viviendas o la manera de comunicarse dependían mucho del medio natural.

Te proponemos un reto

¿Te animas a comparar cómo era la vida en la prehistoria respecto a la de ahora?

Para superar el reto... investigo y aprendo

- El tiempo y la historia
- La prehistoria: el Paleolítico y el Neolítico
- La prehistoria: la Edad de los Metales
- La península ibérica en el Paleolítico y en el Neolítico
- La Península y Baleares en la Edad de los Metales
- ¿Quién es quién? La evolución humana

Para demostrar que lo he superado... elaboro un mural

Paso 1 Formamos equipos y preparamos el material necesario para realizar el mural.

Paso 2 Seleccionamos las cuestiones que aparecerán en el mural y organizamos el trabajo.

Paso 3 Agrupamos la información para cada cuestión y pasamos a limpio la información del mural.

El tiempo y la historia

El tiempo histórico

El pasado es un tiempo tan extenso que, cuando estudiamos la historia, es fundamental situar los acontecimientos en el tiempo histórico. A eso se llama **datación.**

En la datación se utilizan distintas unidades de medida del tiempo:

Para datar hechos antiguos

Dividimos el tiempo en lustros (5 años), décadas (10 años), siglos (100 años), milenios (1 000 años).

Para datar hechos recientes

Dividimos el tiempo en minutos, horas, días, semanas, meses, años.

Generalmente, el punto de referencia utilizado para medir el tiempo histórico es el nacimiento de Cristo, que se considera el inicio del año 1. De esta forma, decimos que un hecho ha ocurrido antes de Cristo (a. C.) o después de Cristo (d. C.).

Antes de Cristo (a. C.) | **Después de Cristo (d. C.)**

Nacimiento de Cristo (Inicio del año 1)

Comprende, piensa...

1 Lápices al centro Averigua de cuántos años se trata.

a) Han encontrado un tesoro que llevaba siete décadas hundido en el mar.

b) En la biblioteca hay un libro de hace cuatro siglos.

c) Las pirámides de Egipto se construyeron hace casi cinco milenios.

2 Observa las fotografías de esta página e identifica cada tipo de fuente histórica que aparece en ellas.

Las fuentes históricas

Las **fuentes históricas** son todos los documentos, cartas, fotografías, mapas u objetos que nos ofrecen una información importante sobre los hechos del pasado. Pueden ser de dos tipos:

Fuentes escritas

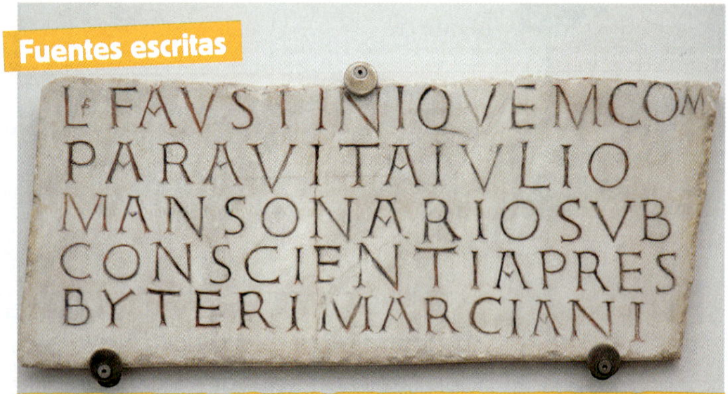

Pueden ser documentos legales (leyes, contratos...), prensa escrita (periódicos, revistas...), inscripciones, libros, diarios, cartas personales, memorias.

Fuentes no escritas

Pueden ser **gráficas** (dibujos, mapas, fotografías, películas), **materiales** (monedas, herramientas, restos de edificios...), y **orales** (canciones, cuentos, leyendas).

Las edades de la historia

Para estudiarla mejor, las historiadoras y los historiadores dividen la historia en cinco periodos; son las **edades de la historia.**

La prehistoria

Comenzó con los **primeros seres humanos** hace más de dos millones de años y terminó hace unos cinco mil años con la invención de la **escritura.**

La Edad Antigua

Es el periodo comprendido entre la aparición de la escritura y la **caída del imperio romano** en el año 476 d. C.

La Edad Media

Es el periodo que va desde la caída del imperio romano hasta el **descubrimiento de América** en 1492.

La Edad Moderna

Es el periodo que abarca desde el descubrimiento de América hasta la **Revolución Francesa** en 1789.

La Edad Contemporánea

Es la edad actual. Comenzó con la Revolución Francesa y llega hasta **nuestros días.**

Comprende, piensa...

3 Copia en tu cuaderno la siguiente línea del tiempo y sitúa en ella las edades de la historia.

2,5 millones — 3000 a. C. — 476 d. C. — 1492 — 1789 — Actualidad

La prehistoria: el Paleolítico y el Neolítico

La **prehistoria** es el periodo de la humanidad que comienza con los primeros seres humanos, hace unos dos millones de años, y termina cuando nuestros antepasados empezaron a usar la escritura, hace unos cinco mil años. Se divide en tres grandes etapas: **Paleolítico, Neolítico** y **Edad de los Metales.**

El Paleolítico

También es llamado Edad de la Piedra tallada. Los primeros seres humanos vivían en grupos reducidos, en chozas o en cuevas; se vestían con pieles y fibras vegetales, y se alimentaban de la caza, la pesca y la recolección. Cuando escaseaba el alimento en un lugar, se trasladaban a otro, eran **nómadas.** Elaboraban sus herramientas con piedras, madera o hueso.

Eran capaces de hablar y sabían encender fuego. Realizaban grabados sobre huesos de animales, y pintaban sobre la roca de las cuevas (arte rupestre) figuras de animales y diversos signos con varios colores.

El comienzo de la fabricación de instrumentos supuso un gran avance para la humanidad. No menos importante fue el uso y posterior dominio del fuego, ya que permitió comer muchos más alimentos y propició las relaciones de los grupos humanos alrededor de la luz y del calor de los hogares.

El Neolítico

También es llamado Edad de la Piedra pulimentada, dado que las armas y herramientas se empezaban a pulir. El Neolítico supuso un nuevo avance, importantísimo para la humanidad, ya que los grupos humanos podían producir su propio alimento, con el descubrimiento de la **agricultura** y la **ganadería.**

Se empezaron a cultivar cereales y legumbres, y a domesticar algunos animales, se hicieron **sedentarios** y construyeron pequeños poblados cerca de ríos o de fuentes naturales de agua para abastecerse, para sus animales y para regar sus cultivos.

Comenzaron a usarse los primeros utensilios de cerámica, para el transporte, almacenamiento y conservación de alimentos. Empezó así el comercio. También elaboraban tejidos de piel y de fibras vegetales, como el lino, el cáñamo o el esparto, a mano y con telares elementales. El arte se realizaba al aire libre o en los abrigos rocosos. Las figuras eran de un solo color, estilizadas y muy dinámicas. Empezó a representarse la figura humana.

Comprende, piensa...

1 Folio giratorio Escribe las dos características más importantes para diferenciar el Paleolítico del Neolítico.

2 Copia en tu cuaderno y completa la siguiente tabla.

Hechos	Paleolítico	Neolítico
Dónde vivían		
Materiales de sus herramientas		
Principales descubrimientos		

Copia y completa EN TU CUADERNO

1 2 3 Paso

Formamos equipos y preparamos el material necesario para realizar el mural.

Formad equipos de cuatro o cinco personas.

Preparad el material necesario para realizar un mural: cartulina grande o papel continuo, rotuladores, tijeras, pegamento, ordenador...

La prehistoria: la Edad de los Metales

La Edad de los Metales

Hace unos seis mil años se descubrió la **metalurgia,** o arte de obtener y trabajar los metales. Este periodo se divide en tres etapas: **Edad de Cobre** o Calcolítico, que termina en torno al año 1800 a. C.; **Edad de Bronce,** que termina alrededor del año 800 a. C., y **Edad de Hierro,** que termina en el siglo I a. C.

Los avances en la metalurgia hicieron que, durante estas etapas, se especializaran no solo los objetos de la vida cotidiana, sino también las armas, lo que aumentó los ataques y la inseguridad, y provocó grandes desplazamientos de población.

Curiosidad

Una sociedad patriarcal es aquella en la que los hombres dominan todos los aspectos de la vida.

Poblado de la Edad de los Metales

Para defenderse de posibles ataques, se construyeron, situados en altura, los primeros poblados fortificados o las pequeñas ciudades amuralladas.

La sociedad experimentó profundos cambios, no todo el mundo tenía la misma condición, había una minoría de jefes y guerreros y una mayoría de la población que era campesina o artesana.

Se fue conformando una sociedad patriarcal y esclavista. Surgieron las primeras estructuras estatales.

En esa época se confeccionaban ya tejidos de lana y se utilizaba el riego; se inventó el arado, el carro de ruedas y el barco a vela. Apareció el comercio entre las poblaciones, intercambiando unos productos por otros (trueque).

El megalitismo

Desde finales del Neolítico hasta la Edad de Bronce se construyeron también monumentos funerarios formados por grandes piedras llamados **megalitos.**

Podemos encontrar distintos tipos de megalitos por toda Europa: **menhires,** formados por una sola piedra vertical; **dólmenes,** que son tumbas formadas por grandes piedras verticales y horizontales, y originariamente cubiertas de tierra, y **crómlechs,** que son conjuntos de piedras verticales formando círculos.

Seleccionamos las cuestiones que aparecerán en el mural y organizamos el trabajo.

Recoged información sobre cómo era la vida en la prehistoria y vais a comparadla con la vida actual.

Decidid qué cuestiones vais a representar en el mural y anotadlas en un borrador. Podéis centraros en la vestimenta, la alimentación y la vivienda.

Comprende, piensa...

1. Explica por qué se construían los poblados de la Edad de los Metales en zonas altas.
2. Escribe P (Paleolítico), N (Neolítico) o EM (Edad de los Metales) donde corresponda.
   a) Practicaban la caza y la recolección. ......
   b) Practicaban la agricultura y la ganadería. ......
   c) Construyeron monumentos megalíticos. ......
   d) Trabajaban con metales. ......

La península ibérica en el Paleolítico y en el Neolítico

La península ibérica, por su situación en el suroeste de Europa y su cercanía a África, a solo quince kilómetros, ha sido un lugar de paso entre ambos continentes desde la prehistoria.

El Paleolítico peninsular

Paleolítico Inferior

Las primeras personas llegaron a la Península desde África hace casi **un millón de años** a través del Estrecho, y también por el norte, cruzando los Pirineos.

Pertenecían a una especie humana llamada ***Homo antecessor.*** Se movían en grupos reducidos persiguiendo a los animales que cazaban, cerca de lagunas y de ríos. En la sierra de **Atapuerca,** en Burgos, se han encontrado numerosos restos.

Paleolítico Medio

La especie humana siguió evolucionando y desde hace unos **ciento cincuenta mil años** una nueva especie humana muy cercana a la actual habitaba en toda la Península, la ***Homo neanderthalensis.***

Esta nueva especie era corpulenta y tenía un cerebro más grande que el de las anteriores especies, incluso mayor que el de las personas actuales. Desapareció al final de este periodo.

Paleolítico Superior

Hace unos **treinta y cinco mil años** llegaron desde África personas de la especie actual, la ***Homo sapiens.*** Eran de piel oscura, y son nuestras antepasadas directas más antiguas.

Siguieron practicando la caza y la recolección, pero con armas y herramientas de piedra, hueso o madera, como el arco, las flechas, los propulsores, etc., mucho más perfeccionadas que las neandertales.

Talla de piedra

Golpeando dos piedras.

Golpeando con hueso.

Enmangado y lanzamiento con propulsor.

Durante los distintos periodos de la prehistoria, la humanidad fue perfeccionando sus técnicas para fabricar y utilizar instrumentos. Con ellos logró sacar más provecho de la naturaleza. No fue nada fácil, pues se necesitaba mucho tiempo para cada innovación.

Paleolítico Inferior

Se conocía y se usaba el fuego. Se fabricaban herramientas y armas de piedra tallada, hueso y madera. Elaboraban cestos de fibras vegetales. No se han encontrado restos de arte.

Paleolítico Medio

Las personas ya eran capaces de elaborar instrumentos de piedra especializados. Controlaban el uso del fuego. Eran nómadas y fueron sustituidos por la especie actual.

Paleolítico Superior

Se inventaron el arco y las armas arrojadizas; se realizaron pinturas rupestres policromadas, destacando, entre otras, las de las cuevas de Asturias y de Cantabria (cuevas de Altamira, La Pasiega).

El Neolítico peninsular

El conocimiento de la agricultura y de la ganadería llegó a la Península a través de la ruta del mar Mediterráneo con las migraciones de personas procedentes de Oriente Próximo (Asia). Existen ya restos de trabajos agrícolas desde el 5500 a. C. en la costa alicantina.

Se conocía la cerámica, se fabricaban molinos para triturar el grano y almacenarlo en depósitos. Los primeros poblados de la Península aparecieron al norte del río Ebro y estaban formados por pequeñas cabañas circulares.

Cazadores. Cueva de la Vieja, en Alpera, Albacete

En el Neolítico, en la zona levantina de la Península, se realizaron pinturas rupestres al aire libre, esquemáticas y monocromas de personas y de animales con escenas de caza, de trabajos o de lucha.

Comprende, piensa...

1 ¿Por qué fue fácil el paso de personas desde África a la península ibérica ya desde la prehistoria?

2 La predicción Si en la prehistoria se vestía con pieles de animales y ahora con tejidos como la lana y el algodón, ¿cómo crees que será la ropa dentro de doscientos años?

3 Explica las principales diferencias entre las dos pinturas rupestres de esta página.

4 Relaciona con flechas estas dos columnas.

Homo antecessor	Paleolítico Medio
Homo neanderthalensis	Paleolítico Superior
Homo sapiens	Paleolítico Inferior

La Península y Baleares en la Edad de los Metales

La Edad de Cobre

Hacia el 3100 a. C. se desarrollaron en la Península las técnicas de fundir **cobre** y otros metales para fabricar objetos de adorno, pero también para hacer armas.

Los habitantes de la Península vivieron los grandes movimientos de población que se estaban produciendo en toda Europa y sufrieron las consecuencias devastadoras de las nuevas armas: la guerra, las diferencias sociales y la aparición de la esclavitud.

En la Región de Murcia y, en especial, en Almería, donde había grandes yacimientos de cobre, surgió la importante **cultura de Los Millares,** con grandes poblados amurallados, con viviendas circulares y enterramientos en túmulos de cúpula.

Poblado de Los Millares

La Edad de Bronce

A principios del segundo milenio antes de Cristo, aparecieron nuevos pueblos que mezclaban cobre y estaño para obtener **bronce.** Con él hacían útiles y armas, que eran más resistentes que las de cobre.

En esa época tuvo lugar la llegada de **pueblos indoeuropeos** y de otros pueblos que más tarde darían lugar a los **pueblos iberos.**

Por toda la Península y Baleares aparecieron diversas culturas del Bronce, pero nuevamente en Almería y en la Región de Murcia destacará la **cultura de El Argar,** continuación de la de Los Millares. También vivían en poblados fortificados, pero con viviendas rectangulares y enterramientos en vasijas de barro.

En Baleares dio comienzo la llamada **cultura talayótica,** con construcciones como las navetas, los talayots y las taulas.

Durante la Edad de Cobre y principios de la Edad de Bronce se realizaba una elegante cerámica conocida como campaniforme, por su parecido a las campanas.

Vaso campaniforme

La Edad de Hierro

Alrededor del año 1000 a. C., a las costas de la Península y de las islas Baleares llegaron los primeros pueblos que las visitaron para comerciar, los **fenicios** y los **griegos.** También llegaron los pueblos celtas a la Península, que se asentaron en las montañas del sistema Ibérico. Son los **celtas de Iberia.**

Unos y otros introdujeron la metalurgia del hierro para elaborar armas y herramientas más resistentes.

El megalitismo

En la Península y en las islas Baleares también se construyeron numerosos megalitos hasta la Edad de Bronce.

Podemos encontrar por todo el territorio **menhires** y **dólmenes,** algunos de corredor, como los de Antequera, o de falsa cúpula, como los de Los Millares.

Dolmen de Aizkomendi, en Eguilaz, Álava

Comprende, piensa...

1. Copia en tu cuaderno y rellena el espacio en blanco con estas palabras: caza, estados, ganado, metales, millón, murallas, nómadas, sedentarios.
   a) Los primeros pobladores de la Península eran ...?... y se dedicaban a la ...?... y a la recolección, y vivieron hace un ...?... de años.
   b) Más tarde se hicieron ...?...: criaban ...?... y cultivaban la tierra.
   c) Hace 5 500 años se inició el uso de los ...?.... Comenzaron a vivir en poblados defendidos por ...?... y surgieron pequeños ...?... .

1 2 3 Paso

Agrupamos la información para cada cuestión y pasamos a limpio la información del mural.

Una vez que hayáis concluido la recogida de información, dividid el mural en tres columnas. La de la izquierda podría tener como título, por ejemplo, «La vida en la prehistoria»; la del centro, de arriba abajo: «Vestimenta», «Alimentación» y «Vivienda»; la columna de la derecha podría titularse «Así vivimos ahora».

Pegad imágenes o ilustraciones elaboradas por el equipo y escribid una breve explicación junto a cada una.

Pasadlo a limpio, prestando atención al espacio con el que contáis, a la corrección ortográfica y a la presentación.

¡Ya tenéis el mural!

¡Invita a tus familiares y amistades a verlo!

¿Quién es quién? La evolución humana

La evolución es un proceso que consiste en el cambio gradual de los seres vivos durante un largo periodo de tiempo. Cuando se han acumulado muchos cambios, podemos decir que ha nacido una nueva especie.

La evolución humana recibe el nombre de «proceso de hominización» y se inició hace millones de años, con la separación de los homínidos del grupo de los grandes primates.

A continuación puedes ver cómo se ha producido la transformación desde los primeros homínidos hasta el ser humano actual.

Australopithecus (4-2,5 millones de años)

En África apareció la especie llamada *Australopithecus*, que tenía un cerebro un poco mayor que el de un chimpancé. Era de estatura pequeña, de 1,2 a 1,4 metros, y de bajo peso, alrededor de unos 40 kilos.

Aunque presentaba muchas características primitivas, ya caminaba de pie y era capaz de fabricar herramientas muy simples.

Homo ergaster (1,9-1,2 millones)

Una o varias especies de australopiteco da el gran salto hacia la especie humana, como la *Homo ergaster*. Esta especie ya disponía de un cerebro el doble de grande que los anteriores y probablemente tenía lenguaje articulado. Fabricaba instrumentos, como las hachas de piedra talladas por ambas caras, una especie de navaja multiusos que se usó durante un millón de años.

Esta especie fue la primera en salir de África para recorrer y poblar Asia y Europa.

Homo antecessor (1,2 millón-800 000)

Varias especies continúan el largo y lento proceso de la evolución, entre ellas la *Homo antecessor*, parecida a la *Homo erectus*, que continúa sus andanzas por Asia y Europa.

Estas son las primeras especies humanas en manipular sin temor el fuego, lo que les permitió cocinar sus alimentos, calentarse, ver por la noche y defenderse de los animales depredadores.

Esta especie continúa la industria de los bifaces.

Neandertales (250 000-30 000 a.p.)

Una especie humana, no muy distinta a la nuestra, habitó Europa hace entre unos 200 000 años y 30 000, aproximadamente.

Las personas neandertales tenían un aspecto robusto, pecho ancho y extremidades cortas. Eran pelirrojas y tenían los ojos claros, tallaban la piedra y controlaban el fuego. Desarrollaron las culturas del Paleolítico Medio.

Parece ser que las dos especies humanas de ese momento, la Neandertal y la *Sapiens*, tenían un origen común en la *Homo antecessor*, y se encontraron hace unos 65 000 años. A medida que se fue expandiendo la especie *Homo sapiens*, fue desapareciendo la neandertal.

Homo sapiens (200 000-actualidad)

Una nueva especie humana, que salió de África hace unos 120 000 años, se fue extendiendo poco a poco por todo el mundo.

En Europa, las poblaciones del Paleolítico de *Homo sapiens* se encontraron con las neandertales, a quienes se impusieron por su mayor número y por su tecnología más desarrollada, ya en pleno Paleolítico Superior.

Tenían la piel oscura y, hasta hace solo 7 000 años, en toda Europa seguían teniendo la piel oscura y, mayoritariamente, los ojos azules o verdes. Es muy conocida la raza cromañón.

La especie humana hoy

Desde hace unos 30 000 años, nuestro planeta está poblado por una sola especie: la *Homo sapiens*.

Las diversas poblaciones han estado en continuo movimiento y se han ido mezclando unas con otras permanentemente.

La gran diversidad en el color de la piel de los diversos grupos humanos son simples respuestas del organismo a la radiación solar, a los diferentes climas y a la alimentación. Son, en general, diferencias relativamente recientes.

Dos conclusiones podemos extraer de lo que hemos leído: somos una única especie, fruto de la evolución, y África es la cuna de la humanidad.

Comprende, piensa...

1. Pienso-me interesa-investigo Investiga qué es un homínido y explícalo en tu cuaderno.
2. ¿A qué llamamos hominización?
3. Resume brevemente la evolución humana; para ello ordena correctamente:

   Homo sapiens – *Homo antecessor* – Neandertales – *Homo ergaster* – *Australopithecus*
4. ¿Por qué crees que todas las personas del planeta pertenecen a la misma especie?

Zona técnica

Convertimos nuestra aula en una cueva paleolítica

Vamos a recrear dentro del aula una cueva paleolítica con pinturas rupestres. Para ello forraremos las paredes de nuestra aula con papel de embalar o papel continuo, que previamente habremos arrugado, para recrear los salientes de las paredes de una cueva.

Para pintar necesitaremos tierra roja, colorante alimenticio naranja, carbón, especias, curri, hojas de plantas; y utensilios donde guardar y mezclar las pinturas: conchas marinas, almirez para triturar, cepillo de dientes para esparcir, tubitos para soplar la pintura.

Los motivos que se pintarán serán animales, escenas de caza, figuras humanas o manos.

Dividiremos la clase en cuatro grupos. Cada uno tendrá asignada una zona de la pared de nuestra cueva para pintarla. La profesora o el profesor apagará las luces de la clase y cada grupo dispondrá de velas o linternas para iluminarse en la penumbra. Así conseguiremos crear el ambiente de una cueva imaginando que está iluminada como esa época.

Una vez finalizado el trabajo, cada grupo describirá lo que ve en la obra realizada por otro grupo.

Por último, buscaremos el significado de estas palabras relacionadas con la actividad: *cueva, rupestre, pigmento, colorante, penumbra, pincel, mágico, policromo, monocromo, manada, mamut, bisonte.*

1 Completaremos nuestra cueva con algún instrumento prehistórico que haremos en clase. Con la ayuda de una persona adulta, puedes buscar algún vídeo explicativo en Internet.

Después, vamos a intentar fabricar algún instrumento prehistórico o herramienta para completar nuestra cueva prehistórica.

Organizo mi mente

anayaeducacion.es
Dispones de una versión imprimible de esta página en el apartado «Organizo mi mente» del banco de recursos.

anayaeducacion.es
No olvides consultar los apartados «Para estudiar» y «Aprende jugando» en el banco de recursos.

Copia y completa en tu cuaderno el siguiente esquema con los términos que aparecen en el apartado «Colecciono palabras».

La medida del tiempo
a través de
- La datación de hechos antiguos y ? ......
- El eje ? ...... para medir el tiempo histórico

Las fuentes históricas
pueden ser
- Orales
- ? ......
- Gráficas
- Restos
- ? ......

Las edades de la historia
divididas en
- Prehistoria
  - dividida en: Paleolítico – ? ...... – Edad de los ? ......
  - en la: Península ibérica
    - se caracterizó por:
      - Ser lugar de paso de nuevos pobladores
      - Cercanía entre Europa y ? ......
- Edad ? ......
- Edad Media
- Edad ? ......
- Edad Contemporánea

Completa EN TU CUADERNO o en la versión imprimible

Colecciono palabras

1 Define estos términos e incorpóralos a tu diccionario.

Metales · Antigua · Recientes · Moderna · África · Neolítico · Cronológico · Materiales · Escritas

Qué he aprendido

1 ¿Qué es la datación? Explica en qué consiste.

2 Indica si las siguientes afirmaciones son verdaderas (V) o falsas (F).

	a) Durante el Paleolítico se descubrió la agricultura y la ganadería.
	b) Los primeros poblados neolíticos de la Península se encuentran en la costa cantábrica.
	c) El hierro fue traído a la Península por los neandertales.

Copia y completa EN TU CUADERNO

3 Escribe los nombres de los primeros seres humanos que llegaron a la Península.

4 Enumera los principales inventos del ser humano durante la prehistoria.

5 Las mujeres y los hombres del Paleolítico pintaban animales en las cuevas, pero no lo hacían solo para entretenerse. Investiga qué querían conseguir pintándolos.

6 ¿Qué diferencia hay entre una persona nómada y otra sedentaria?

7 ¿En qué consistía la especialización del trabajo durante el Neolítico?

8 ¿Cuáles fueron las primeras artesanías de la humanidad?

9 Observa el dibujo de esta ciudad de la Edad de los Metales. Descríbela y no olvides mencionar qué tipo de actividades se desarrollaban en ella.

10 ¿Desde qué zona de Asia llegó la agricultura a Europa?

Cómo he aprendido

PORTFOLIO 5

Recuerda seleccionar el material de trabajo de esta unidad para tu portfolio.

anayaeducacion.es
Dispones de una versión imprimible de esta página en el «Portfolio» del banco de recursos.

1 Utiliza el semáforo para señalar lo que crees que has aprendido en cada apartado de la unidad.

La medida del tiempo y las fuentes históricas			
Las etapas de la prehistoria			
La prehistoria en la península ibérica y en Baleares			
¿Quién es quién? La evolución humana			

(Verde = mucho; naranja = regular; rojo = poco).

2 Escribe en tu cuaderno algo que te ha ocurrido por primera vez al estudiar esta unidad. Por ejemplo: he podido finalizar todas las actividades, he aprendido a hacer…, he conocido que…

3 Dibuja la figura en tu cuaderno. Marca con un punto el nivel en que estás (1, 2 o 3) en cada aspecto y une los puntos al terminar.

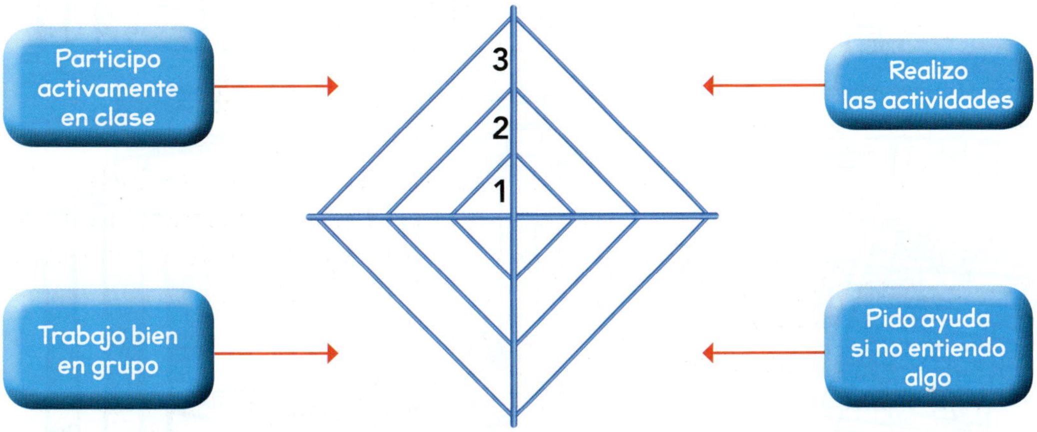

4 De lo que has aprendido en esta unidad, ¿crees que algo te servirá para aplicarlo a tu vida diaria? Escribe, al menos, una de esas aplicaciones.

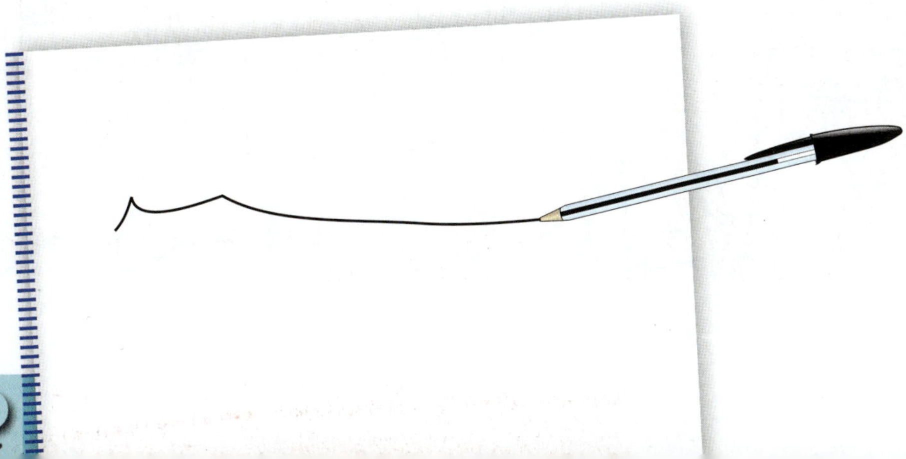

anayaeducacion.es
Descubre y comparte en familia.

6 La Edad Antigua

Hoy es día de teatro para Maite y Fiona. Asisten a una obra en la que los personajes van vestidos como en la antigua Roma. Están en un teatro romano que está bien conservado.

Las actrices y los actores escenifican la leyenda sobre dos hermanos llamados Rómulo y Remo. Dice esta leyenda que, tras ser rescatados de una canasta que flotaba sobre el agua de un río cuando eran bebés, fueron cuidados por una loba hasta que un pastor y su esposa los criaron como si fuesen sus hijos.

Esta historia nos habla de la fundación de la ciudad de Roma, una de las ciudades más antiguas del mundo, que fue durante mucho tiempo la capital de un imperio que ocupó gran parte de lo que ahora conocemos como Europa.

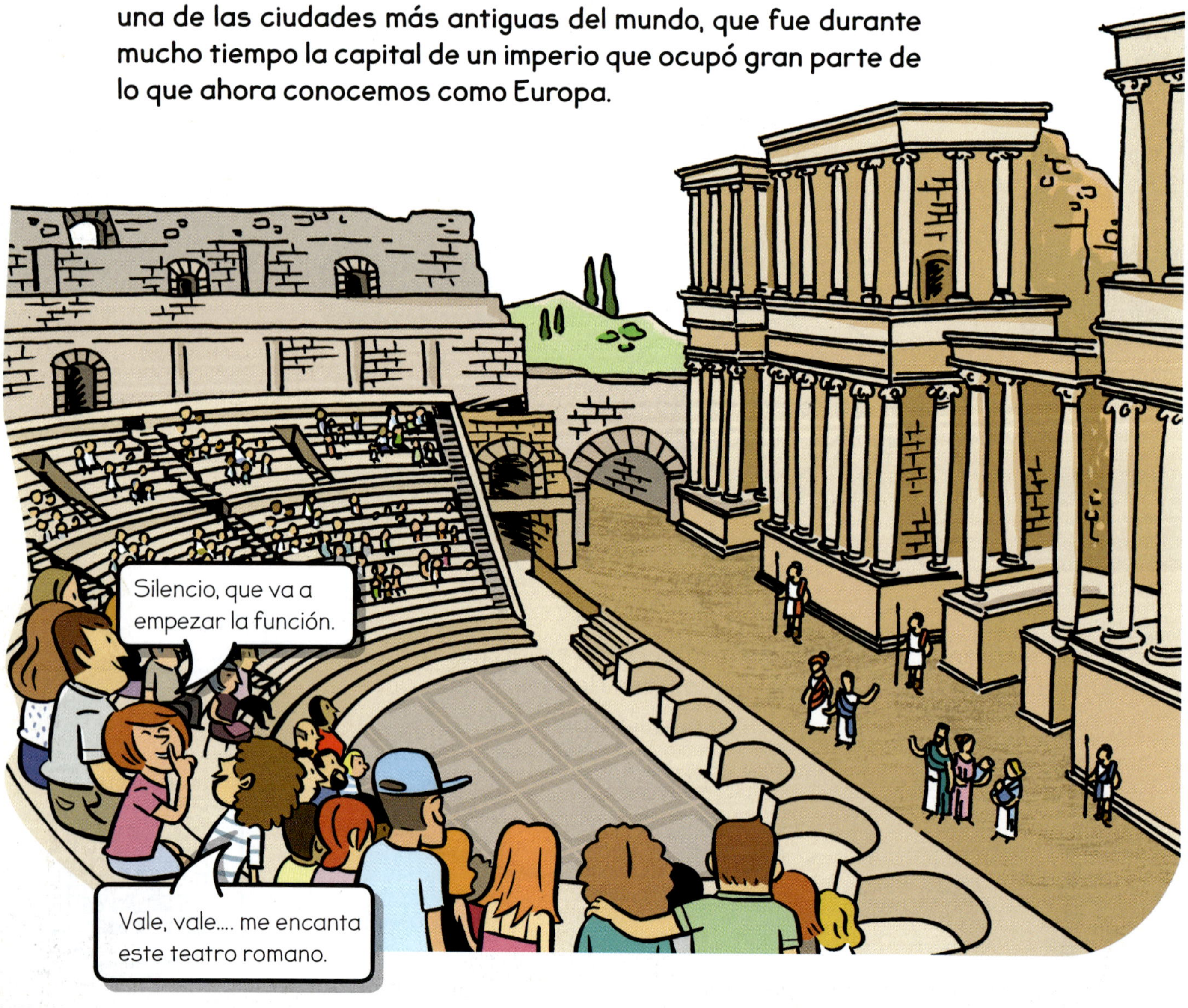

Conocemos la Edad Antigua

Hoy conocemos la presencia de diferentes pobladores en la península ibérica durante la Edad Antigua, como los romanos, gracias a los monumentos que construyeron y a las lenguas que hablaban.

Te proponemos un reto

¿Serías capaz de escenificar cómo era la vida en la Edad Antigua?

Para superar el reto... investigo y aprendo

- La Edad Antigua
- Iberia y los pueblos colonizadores
- Los pueblos prerromanos de Iberia
- La Hispania romana (I)
- La Hispania romana (II)
- ¿Quién es quién? Hechos y personajes

Para demostrar que lo he superado... hago una obra de teatro

- Paso 1: Pensamos en la historia y en los personajes de la obra.
- Paso 2: Escribimos el texto y el guion de la obra.
- Paso 3: Ensayamos y memorizamos los diálogos.
- Paso 4: Preparamos el vestuario y el decorado.
- Paso 5: Ensayo general.
- Paso 6: Escenificamos la obra.

La Edad Antigua

La humanidad cambia de edad

La **Edad Antigua** es el periodo de la historia que abarca desde la invención de la **escritura,** unos tres mil años antes de Cristo, hasta la caída del imperio romano en el año 476 d. C.

Terminada la prehistoria con la invención de la escritura, comienza ahora la época de las primeras civilizaciones y de los primeros estados. Surgieron nuevas religiones y aparecieron las primeras monedas y la escritura.

Comprende, piensa...

1 Imagina que eres tú quien interroga. Escribe dos preguntas sobre la escritura tras lo aprendido.

2 Razona por qué las civilizaciones antiguas se desarrollaron cerca de los ríos.

3 Imagina que no conociésemos la escritura. Describe otras formas de comunicación entre las personas.

Pirámide y esfinge de Egipto

Antiguas civilizaciones

En la Edad Antigua se desarrollaron las primeras **grandes civilizaciones:** Mesopotamia, Egipto, China, India, Fenicia, Grecia y Roma. Casi todas ellas florecieron cerca de grandes ríos, lo que favoreció la agricultura. Las conocemos, sobre todo, por los restos escritos.

Surgen los estados y las religiones

Los **nuevos estados** fueron dirigidos por reyes que tenían enormes riquezas y que controlaban a un gran número de personas campesinas, artesanas, militares y **esclavas.** En estos estados aparecieron distintas **religiones;** en muchas de ellas se adoraba a dioses y a diosas.

Escena de esclavos griegos

Moneda fenicia

Moneda fenicia

El **comercio** entre los diferentes estados hizo posible la aparición de las primeras **monedas.** El **desarrollo cultural y artístico** que se produjo favoreció la construcción de grandes edificios o monumentos y la evolución de la pintura y la escultura.

anayaeducacion.es Consulta «Las grandes civilizaciones de la Antigüedad» en el banco de recursos.

Roma crea un imperio

Durante la Edad Antigua fue especialmente importante para Europa la formación del **imperio romano.**

El imperio romano tiene su origen en la fundación de Roma en la península itálica, en el año 753 a. C. Lo que en principio era una ciudad, poco a poco extendió su dominio a toda la península y se convirtió en una potencia comercial marítima, que competía con otros pueblos del Mediterráneo, como los cartagineses, por controlar el Mediterráneo occidental.

Llegó a formar un gran imperio que duró desde el año 27 a. C. hasta el 476 d. C., cuando murió el último emperador, Rómulo Augústulo. El imperio se mantuvo unido gracias a una amplia red de caminos, llamados **calzadas,** y a una lengua común, el **latín.**

Iberia, como llamaban entonces los pueblos de la Antigüedad a la península ibérica, pasó a llamarse entonces **Hispania.**

El ejército y las calzadas fueron los principales elementos que posibilitaron la creación de un gran imperio.

Expansión del imperio romano

Comprende, piensa...

4 Escucha la grabación sobre el imperio romano y realiza los ejercicios siguientes.

a) Escribe los nombres de dos países en los que se hable una lengua que proceda del latín.

b) Escribe el nombre de un edificio donde los romanos disfrutaran de algún espectáculo.

c) ¿Cómo se llaman los caminos que se construyeron en el imperio romano?

anayaeducacion.es Consulta «La audición sobre el imperio romano» del banco de recursos.

Iberia y los pueblos colonizadores

España entra en la historia

A partir del año 1000 a. C. empezaron a llegar a las costas mediterráneas de la Península y a las islas Baleares los pueblos **fenicio** y **griego,** primero, y, mucho más tarde, el **cartaginés.** Todos ellos comerciaban con cereales, aceite y estaño a cambio de tejidos. Los fenicios introdujeron la metalurgia del hierro.

Estos pueblos, llamados **colonizadores,** fundaron varias ciudades, llamadas colonias. Estos hechos pusieron a la Península y a las islas Baleares en contacto con el mundo más desarrollado; por ello comienzan a aparecer las primeras referencias escritas de nuestro territorio.

Tartessos

En la desembocadura del Guadalquivir se desarrolló entre los años 1000 y 500 a. C. la civilización de **Tartessos,** que comerciaba con los griegos y los fenicios. Inventaron una escritura propia y conocían el uso de los metales. Nos ha llegado un rico tesoro en joyas de oro.

Tesoro de El Carambolo

Los pueblos fenicios

Fundaron la ciudad de Gadir (Cádiz) a principios del primer milenio antes de Cristo y establecieron otras colonias en la costa sur peninsular: Malaka (Málaga), Abdera (Adra), Sexi (Almuñécar), y en Baleares.

Dama de Galera

Los pueblos griegos

Establecieron sus primeras colonias en la costa noreste peninsular, fundando Emporion (Ampurias) y Rhode (Rosas), ambas en Girona, y, después, otras más al sur.

Cerámica roja decorada con el Juicio de Paris

El pueblo cartaginés

Procedente de Cartago, en el norte de África, el pueblo cartaginés heredó en el siglo VI a. C. las colonias fenicias y desplazó a las griegas de las costas del levante peninsular y de Baleares, provocando la desaparición del estado tartésico. En el siglo III a. C. iniciaron la conquista del interior penisular, desde su colonia Qart Hadasht (Cartagena).

Dama de Ibiza

Comprende, piensa...

1 ¿Qué pueblos llegaron a las costas españolas mediterráneas a partir del año 1000 a. C.?

2 ¿Con qué intención vinieron estos pueblos?

3 ¿Por qué vinieron los cartagineses?

4 Estos pueblos seguían usando el «trueque». Investiga en qué consiste este método.

Paso 1 2 3 4 5 6

Pensamos en la historia y en los personajes de la obra.

Organizaos en grupos de cuatro o cinco y comenzad a pensar en una historia y los personajes que aparecerán en ella.

En este primer paso será conveniente anotar los lugares, los actores y las actrices, y las ideas principales de la obra en un cuaderno, a modo de borrador.

La obra de teatro se basará en la Edad Antigua. Puede tener como protagonistas a personajes reales de la época que estéis estudiando en la unidad o inventados.

Por si os sirve de ayuda, la época romana tuvo mucha importancia en nuestra historia y contó con muchos personajes famosos.

También podríais crear personajes de la actualidad que viajan al pasado en un viaje fantástico y conviven con los de la Edad Antigua. No temáis por tener ideas que, al principio, puedan parecer disparatadas.

Los pueblos prerromanos de Iberia

Cuando se produjo la invasión romana, la Península y las islas Baleares estaban habitadas por diferentes pueblos.

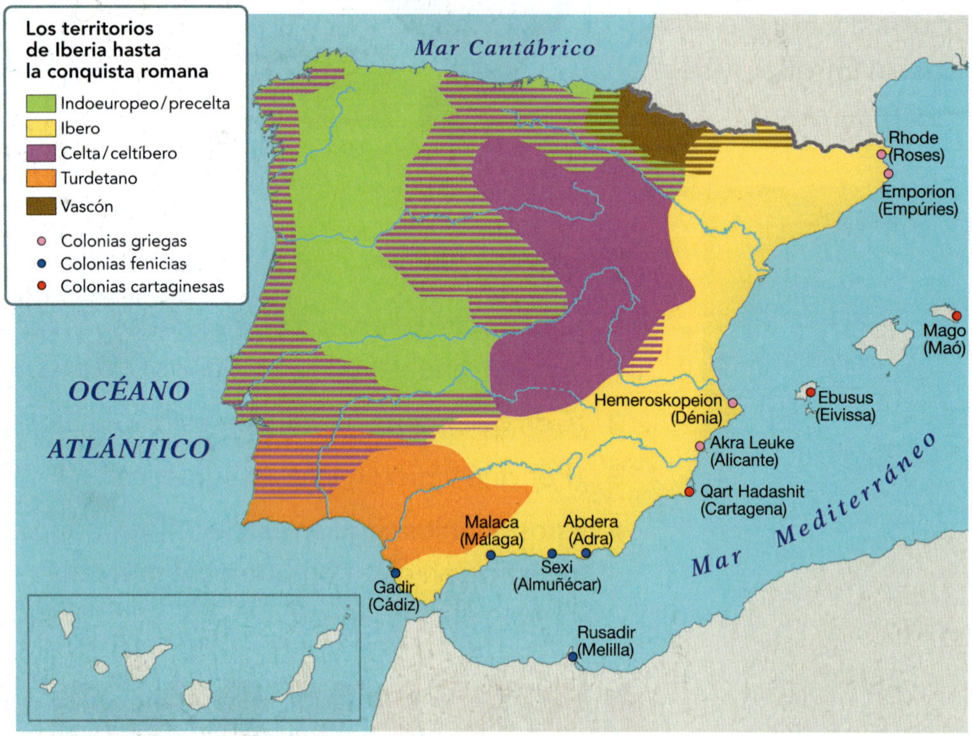

Los pueblos turdetanos

Se situaban en la mitad occidental de Andalucía, en el antiguo territorio tartésico, de quienes se consideran descendientes. Su lengua derivaba del idioma tartésico y tenían un alfabeto propio. Esto les diferenciaba de los pueblos iberos.

Los pueblos iberos

Otro de los primeros pueblos que habitaron la península ibérica en la Edad Antigua fue el **ibero,** que ocupaba las zonas costeras del Mediterráneo del este y del sur desde el 1100 a. C. En la actualidad, desconocemos su procedencia.

Los pueblos iberos tenían su propio sistema de escritura. Dominaban la artesanía y la cerámica, así como el uso del hierro y de otros metales preciosos. Conocían la escultura y usaban moneda propia. Se dedicaban a la agricultura y a la ganadería, y vivían en poblados fortificados, algunos de grandes dimensiones.

Las zonas próximas a los Pirineos occidentales fueron habitadas por pueblos vascones, emparentados posiblemente con el ibero.

Comprende, piensa...

1. Elabora un mapa de la península ibérica y señala las zonas donde vivían los pueblos prerromanos.
2. Petición del oyente Los pueblos prerromanos conocían la escritura, pero ¿hemos podido descifrar lo que se dice en los textos encontrados? Investígalo.
3. ¿Por qué crees que las poblaciones prerromanas construían sus poblados en las alturas y los amurallaban?

La dama de Elche (siglo V a. C.)

El mundo céltico

Los pueblos del noroeste peninsular

Hacia el año 1100 a. C. llegaron a la Península pueblos de origen **indoeuropeo** o precelta.

Vivían en poblados fortificados, los **castros,** en cabañas generalmente circulares. No usaban la escritura. Eran principalmente ganaderos.

Usaban objetos y armas de bronce, y poco a poco fueron utilizando la metalurgia del hierro por influencia de los pueblos celtíberos.

Los pueblos celtas y los celtíberos

Hacia el siglo VI a. C. llegaron a la Península pueblos **celtas,** de origen indoeuropeo, que se asentaron inicialmente en el **sistema Ibérico.**

En Iberia, la población celta tuvo una cultura propia, la cultura celtibérica, que tenía elementos culturales propios y otros iberos; por eso se les conoce como pueblos **celtíberos.**

Los celtas, o celtíberos, destacaron por su metalurgia del hierro, para fabricar armas, herramientas y adornos. Usaban la escritura ibérica y acuñaron moneda. Eran principalmente ganaderos. Sus viviendas eran rectangulares.

Su cultura se fue extendiendo al resto de pueblos de la Meseta, como los **vetones.** Cuando se produjo la invasión romana, la expansión celta había ocupado el oeste y el noroeste.

1 2 Paso 3 4 5 6

Escribimos el texto y el guion de la obra.

Ahora os toca escribir el guion de la obra de teatro. Deberán aparecer los diálogos de cada personaje y una breve descripción de lo que va ocurriendo en cada momento y en cada lugar.

Es posible que se os vayan ocurriendo más ideas y nuevos personajes a medida que escribís el guion; es algo normal. Podéis anotar el diálogo inicialmente como un borrador y después corregirlo para pasarlo a limpio correctamente escrito.

Las viviendas de los pueblos del noroeste eran circulares, aunque con una progresiva introducción de las viviendas rectangulares.

Los pueblos vetones realizaron esculturas en piedra llamadas verracos (toros y cerdos que consideraban protectores del ganado).

Las viviendas de los pueblos celtíberos, al igual que las de los iberos, eran rectangulares, de piedra, adobe y cañas, agrupadas en poblados fortificados o castros.

Roma conquista la Península y Baleares

Las rivalidades entre el pueblo romano y el pueblo cartaginés provocó tres guerras, conocidas como las **guerras púnicas.**

En el año 219 a. C., el general cartaginés Aníbal tomó con su ejército **Sagunto,** ciudad ibera aliada de Roma. Roma declaró entonces la guerra a Cartago y, en el año 218 a. C., comenzó la **segunda guerra púnica,** que, al final, supuso el dominio de Roma sobre el levante y el sur peninsular. Sin embargo, Roma tardaría dos siglos en dominar todo el territorio.

- Los ejércitos cartagineses fueron derrotados y expulsados de la Península, y las legiones romanas conquistaron rápidamente el litoral mediterráneo de los pueblos iberos y turdetanos.
- La conquista del interior y de la Meseta fue larga, debido a la resistencia de sus pueblos. Los lusitanos, dirigidos por **Viriato,** derrotaron varias veces a las tropas romanas, hasta que finalmente fueron sometidos. La población celtíbera no pudo evitar la caída de **Numancia (en el 133 a. C.),** y los ejércitos romanos se impusieron sobre casi todos los pueblos de la Meseta. Poco después (123 a. C.) conquistaron las islas Baleares.
- Los pueblos astures y cántabros fueron sometidos entre el 29 y el 19 a. C., por los ejércitos del emperador **Octavio Augusto,** completando así el dominio total de **Hispania.**

Aníbal cruzó con su ejército, que incluía elefantes, los Pirineos y los Alpes, y a punto estuvo de conquistar Roma. Fue derrotado por las legiones romanas del general Publio Cornelio Escipión, el Africano.

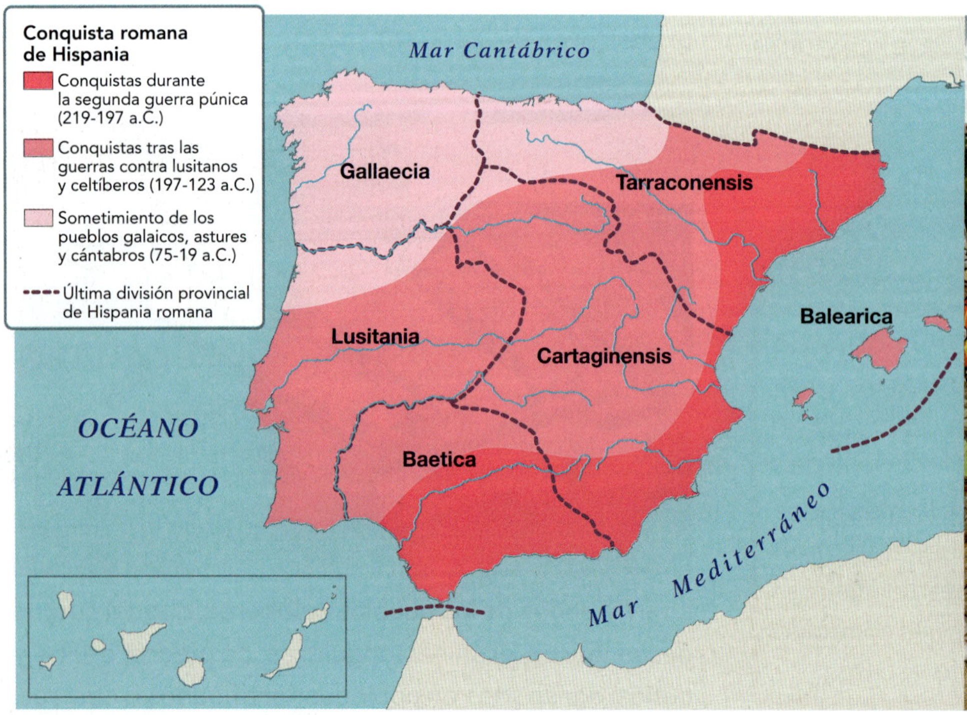

La romanización de Hispania

Durante la conquista, los pueblos de la Península y las islas Baleares adoptaron las formas de vida romanas; es decir, se **romanizaron.**

- Adoptaron su idioma, el **latín,** que dio origen al castellano y demás lenguas que hoy se hablan en España, excepto el euskera.
- Para su mejor administración y control, Hispania se dividió en **provincias,** controladas por las **legiones romanas.** Implantaron sus **leyes,** el **derecho** romano, y su forma de gobierno en todo el territorio.
- Fundaron **ciudades** como **Tarraco** (Tarragona), **Augusta Emerita** (Mérida), **Itálica** (cerca de Sevilla), **Caesar Augusta** (Zaragoza), etc.
- Para facilitar la comunicación entre las ciudades se construyó una amplia red de **calzadas** (carreteras) y **puentes.** También **acueductos,** que llevaban el agua hasta las ciudades, y edificios para divertimento de las personas libres: **teatros, anfiteatros, circos** y **termas.**
- Se adoptó la religión oficial del estado romano, primero la religión politeísta, que incluía el culto al emperador, y después el **cristianismo,** religión monoteísta, a partir del 313 d. C.

Comprende, piensa...

1 ¿Qué zonas de la península ibérica y de Baleares conquistaron más fácilmente las tropas romanas y qué zonas opusieron más resistencia?

2 ¿Qué pasaría si...? ¿Qué habría pasado si no se hubiesen construido las calzadas?

3 ¿Qué costumbres y usos romanos adoptaron los pueblos de la Península y de la islas Baleares en el proceso de romanización?

4 1-2-4 Busca información y explica cómo estaba organizada una legión romana.

1 2 3 Paso 4 5 6

Ensayamos y memorizamos los diálogos.

Repartid los personajes que aparecen en la obra entre los miembros del equipo o de la clase y ensayad los diálogos leyendo el guion.

Recordad que tenéis que entonar y vocalizar adecuadamente, hablando con claridad.

Memorizad el texto que os corresponde según cada personaje.

Las ciudades romanas tenían forma cuadriculada y amplias calles empedradas, dotadas de alcantarillado y rodeadas de murallas.

La Hispania romana (II)

La sociedad y la economía romanas

En Hispania, la sociedad se dividía en personas libres y esclavas.

Entre la población libre había personas ricas **(patricias** y **patricios)** y humildes **(plebeyos** y **plebeyas,** también había personas **libertas,** es decir, aquellas que habían sido esclavas). Solo los hombres libres que lograban ser «ciudadanos romanos» podían votar o ser elegidos. Las mujeres tenían vedados sus derechos, pues la autoridad familiar y los derechos recaían en el padre de familia.

La **esclavitud** era el pilar de la economía. Las esclavas y los esclavos no tenían derechos, eran propiedad de sus amos, trabajaban en las minas, en el campo, en las ciudades o en cualquier tipo de oficio (carpintería, alfarería, gladiadores...).

La vida en la Hispania romana estaba marcada por el estilo de Roma; era, pues, fundamentalmente una vida urbana. Las personas ricas vivían en viviendas unifamiliares llamadas **domus.** Y las más humildes habitaban bloques de varios pisos llamados **insulae.**

Curiosidad

Los emperadores romanos Trajano, Adriano y Teodosio nacieron en Hispania. También el filósofo cordobés Séneca.

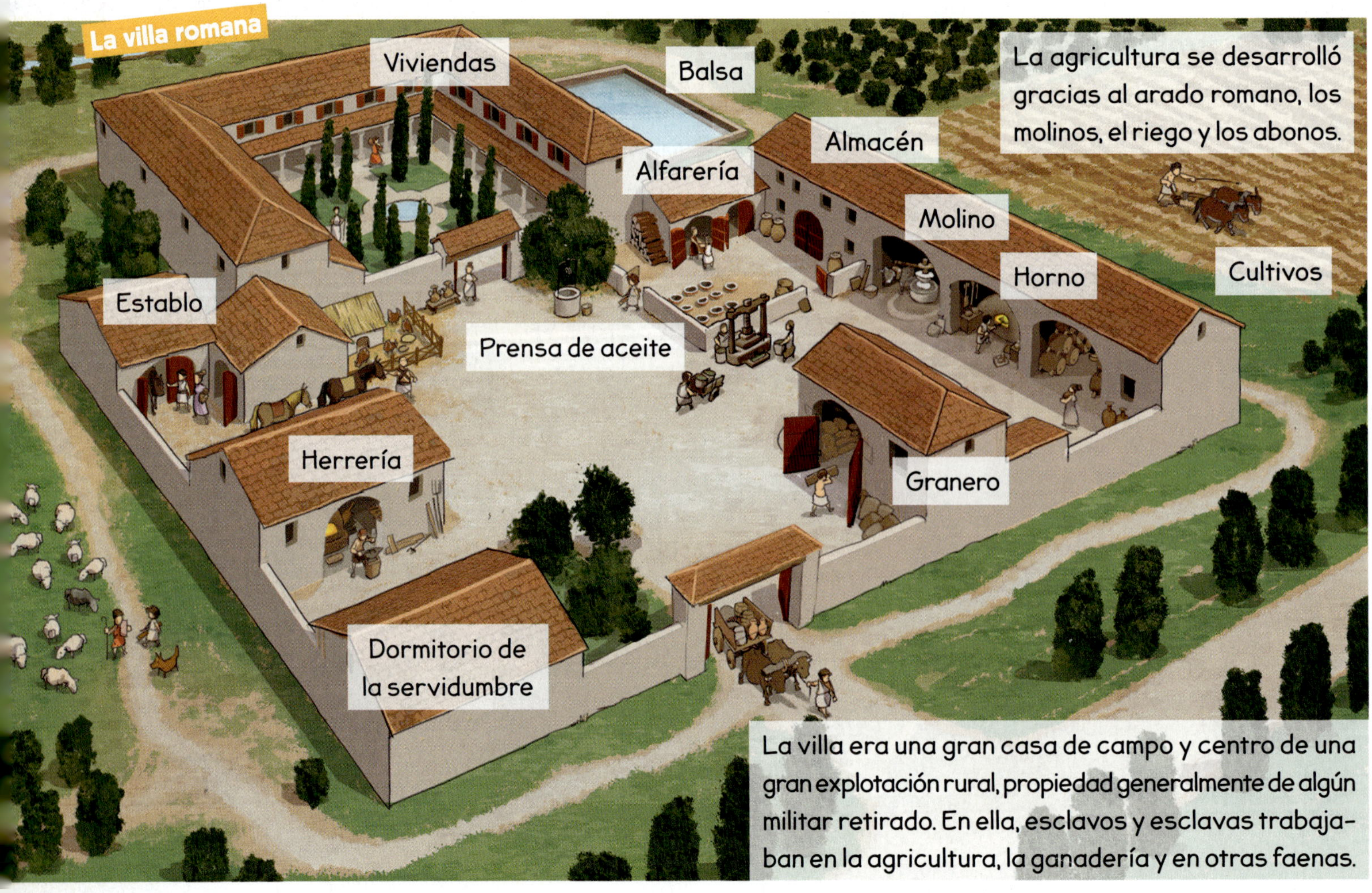

La agricultura se desarrolló gracias al arado romano, los molinos, el riego y los abonos.

La villa era una gran casa de campo y centro de una gran explotación rural, propiedad generalmente de algún militar retirado. En ella, esclavos y esclavas trabajaban en la agricultura, la ganadería y en otras faenas.

El arte romano

El arte romano se desarrolló principalmente en las ciudades. En Hispania se realizaron importantes edificios y obras públicas, teniendo como modelo las construcciones que se estaban llevando a cabo en Roma y que imitaban las de las grandes civilizaciones, en especial, la griega.

Por todo el territorio se construyeron **templos, basílicas** para el comercio y los juicios; **anfiteatros, circos** y **teatros** para espectáculos, y **termas** para baños públicos. Otras obras públicas, como los **acueductos** y los **puentes,** son bellos ejemplos de ingeniería romana.

También hubo grandes artistas que trabajaron la **escultura en mármol** o la **pintura en las paredes** de los edificios. Para los suelos de los edificios públicos y privados solían usar **mosaicos** hechos con pequeñas piezas, las **teselas.**

1 2 3 4 Paso 5 6

Preparamos el vestuario y el decorado.

Realizad con goma EVA, cartulina, bolsas u otros materiales el vestuario que llevaréis puesto en la representación.

Podréis también decorar el espacio en el que se realizará la representación con papel continuo, cartulina y cartón, papel celofán...

Comprende, piensa...

1. El espejo ¿Qué diferencias había entre las personas libres y las esclavas en la sociedad romana?
2. Investiga qué es un mosaico y explícalo en tu cuaderno.
3. ¿Qué eran las villas romanas?
4. Observa la ilustración de la villa romana y descríbela en tu cuaderno.

Puente romano de Alcántara, Cáceres

Acueducto de Segovia

Templo romano de Vic, Barcelona

Teatro romano de Clunia, Cuenca

¿Quién es quién? Hechos y personajes

Cayo Julio César (siglo I a. C.)

Militar y político romano. Luchó en Hispania contra su rival Pompeyo. Tras la conquista de la Galia, pretendió concentrar todo el poder en su persona, por lo que fue asesinado por una conjura de senadores de la República.

Octavio César Augusto (siglo I a. C. - siglo I d. C.)

Fue el primer emperador de Roma y era sobrino e hijo adoptivo de Julio César. Consiguió hacerse emperador después de derrotar a la alianza formada por el general romano Marco Antonio y la reina egipcia Cleopatra. Terminó la conquista romana de Hispania.

Cleopatra (siglo I a. C.)

Fue reina y la última faraona de Egipto. Tuvo un papel decisivo en el cambio de la República romana al Imperio, con Julio César y, más tarde, en su lucha contra Octavio Augusto, quien la derrotó.

Lucio Anneo Séneca (siglo I d. C.)

Filósofo y político romano, nacido en Corduba (Córdoba). Fue asesor del emperador Nerón, a quien mostró su desacuerdo por las brutalidades que cometía. Esto le valió que el emperador le condenara a muerte, pero él, al conocer su condena, se suicidó.

Marco Ulpio Trajano (siglo I d. C. - siglo II d. C.)

Emperador de Roma, nacido en Itálica (Sevilla), conquistó la Dacia (actual Rumanía) y, con ello, el imperio romano alcanzó su máxima extensión territorial.

1 2 3 4 Paso 5 6

Ensayo general.

Ya con el texto memorizado, ensayad en el lugar en el que se realizará la representación las veces que sean necesarias. Un último ensayo con el decorado y el vestuario es imprescindible para que nada falle.

Publio Elio Adriano (siglo I d.C. - siglo II d.C.)

Emperador de Roma, nacido en Itálica (Sevilla), fortaleció las fronteras del imperio. Durante su gobierno se hicieron grandes obras públicas.

Flavio Valerio Constantino (siglo III d.C. - siglo IV d.C.)

Emperador de Roma, llamado el Grande. En el año 313 d.C. declaró oficial del estado romano la religión cristiana, terminando así con su persecución.

Hipatia (siglo IV d.C. - siglo V d.C.)

En Alejandría, Egipto, hubo una mujer que tenía grandes conocimientos de filosofía, literatura, matemáticas, astronomía y otras ciencias, escritora e inventora.

Tenía su propia escuela filosófica donde, atraídos por su fama, acudían estudiantes de todas partes del mundo romano y de todas las creencias religiosas, incluida la cristiana.

Fue asesinada por una muchedumbre fanática contraria a sus enseñanzas no cristianas y a su actitud política.

Comprende, piensa...

1 Investiga sobre estos personajes y escribe una X donde corresponda.

Hechos	Augusto	Adriano	Escipión	Constantino
Declaró oficial el cristianismo en el imperio romano				
Fue el primer emperador de Roma				
Mandó realizar grandes obras públicas				
Consiguió la mayor expansión del imperio romano				

Copia y completa EN TU CUADERNO

Zona técnica

El castellano, lengua procedente del latín

Los romanos hablaban una lengua, el latín, que fue el origen de varios idiomas actuales: castellano, gallego, catalán, portugués, francés, italiano, rumano, etc.

El latín fue la lengua hablada en Europa durante muchos siglos, pero fue perdiendo importancia por la aparición de esos idiomas que hemos mencionado.

Hoy día solo se usa en los documentos de la Iglesia católica romana. Por eso decimos que el latín es una «lengua muerta».

El latín es la base de infinidad de palabras tanto del español o castellano como de las otras lenguas de origen latino que se hablan en España. Por ejemplo, del latín *amicus* proviene *amigo* (castellano), *amic* (catalán), *amigo* (gallego).

1 Con la ayuda de un diccionario o Internet copia en tu cuaderno la siguiente ficha y complétala.

Palabras en español	Palabras latinas	Palabras en español	Palabras latinas
Amistad		Mujer	
Agua		Paz	
Tierra		Siete	
Alimento		Gato	
Alumna		Rosa	
Maestro		Hombre	
Caballo		Pueblo	

Paso 6

Escenificamos la obra.

Llegó el momento del estreno.

Recordad que podría haber un compañero o una compañera, el «apuntador» o la «apuntadora», que nos diría en voz baja, desde un lugar en el que no le viese el público, lo que os corresponde decir en caso de que se os olvide.

¡Ya tenéis la obra!

¡Podéis invitar a otras personas a verla!

Organizo mi mente

Copia y completa el mapa conceptual con los términos que aparecen en el apartado «Colecciono palabras».

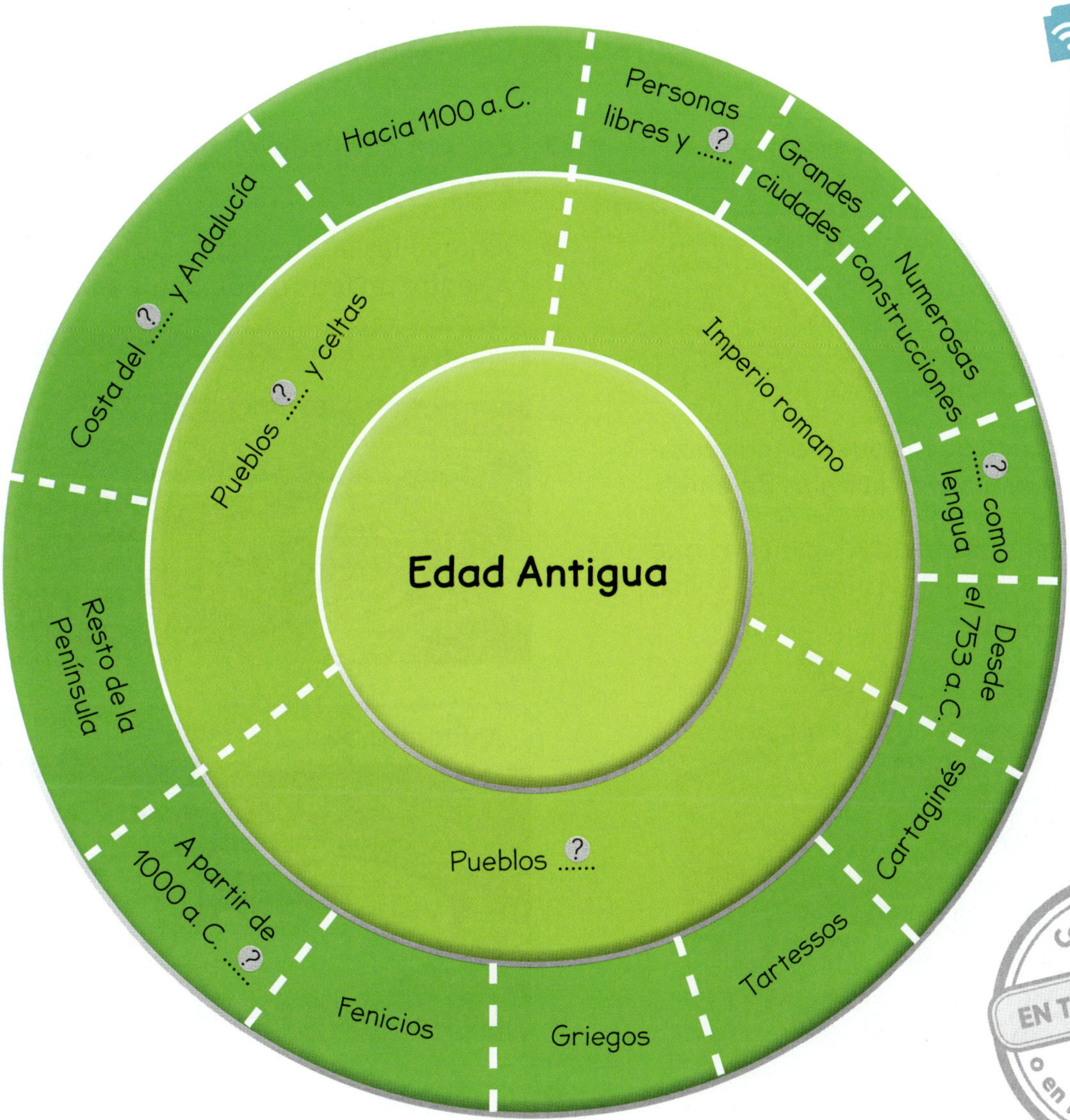

Completa EN TU CUADERNO o en la versión imprimible

anayaeducacion.es Dispones de una versión imprimible de esta página en el apartado «Organizo mi mente» del banco de recursos.

anayaeducacion.es No olvides consultar los apartados «Para estudiar» y «Aprende jugando» en el banco de recursos.

Colecciono palabras

1 Define estos términos e incorpóralos a tu diccionario.

Latín | Esclavas | Colonizadores | Celtíberos | Iberos | Levante

Qué he aprendido

1 Indica si las siguientes afirmaciones son verdaderas (V) o falsas (F).

	El pueblo fenicio era un pueblo marinero y comerciante.
	La población de la Península asimiló las costumbres y la cultura romanas.
	El cristianismo se convirtió en la religión oficial del imperio romano en la época del emperador Constantino.

Copia y completa EN TU CUADERNO

2 Escribe los nombres de los pueblos colonizadores de la Península y de las islas Baleares.

3 Explica cómo era una ciudad romana, qué partes tenía y qué edificios principales solían construirse en ellas.

4 Observa el mapa del imperio romano y escribe los nombres de los territorios que ocupaba en el momento de su máxima expansión.

5 Escribe los nombres de las provincias en que se dividía Hispania en época romana y las principales ciudades fundadas.

6 ¿Qué religiones se practicaban durante la época romana?

7 ¿En qué consistió el proceso de romanización?

8 Observa las imágenes y di qué diferencias hay entre un teatro y un anfiteatro romanos.

9 ¿Qué derechos tenían los esclavos y las esclavas en la sociedad romana?

10 Explica cómo eran los mosaicos romanos.

Cómo he aprendido

PORTFOLIO 6

Recuerda seleccionar el material de trabajo de esta unidad para tu portfolio.

anayaeducacion.es
Dispones de una versión imprimible de esta página en el «Portfolio» del banco de recursos.

Completa EN TU CUADERNO o en la versión imprimible

1 Tras lo aprendido en esta unidad, ahora entiendo por qué...

... llegaron a España los primeros pueblos colonizadores de la historia.

... los pueblos prerromanos de España amurallaban sus poblados.

... Roma conquistó España.

... se hicieron tantos monumentos en la época romana.

2 Compruebo. Aprendo mejor cuando…

Participo en clase			
Realizo todas las actividades			
Atiendo en clase			
Trabajo en equipo			

(Verde = mucho; naranja = regular; rojo = poco).

3 Para trabajar y aprender, he necesitado…

4 Valoro mi aprendizaje.

Lo que más me ha gustado en esta unidad ha sido...

Lo que menos me ha gustado en esta unidad ha sido...

5 De lo que has aprendido en esta unidad, ¿crees que algo te servirá para aplicarlo a tu vida diaria? Escribe, al menos, una de esas aplicaciones.

anayaeducacion.es
Descubre y comparte en familia.

Repaso trimestral

Escribe en tu cuaderno la respuesta correcta

1 Las fuentes históricas pueden ser:

a) Escritas y no escritas.

b) Escritas y gráficas.

c) Periódicos y no escritas.

2 Las edades de la historia son:

a) Prehistoria, Edad Romana, Edad Moderna y Edad Contemporánea.

b) Prehistoria, Edad Antigua, Edad Moderna y Edad Contemporánea.

c) Prehistoria, Edad Antigua, Edad Moderna y Edad Actual.

3 La prehistoria se divide en:

a) Paleolítico y Edad de los Metales.

b) Paleolítico y Neolítico.

c) Paleolítico, Neolítico y Edad de los Metales.

4 En el Paleolítico, los seres humanos:

a) Vivían en chozas o en cuevas y se alimentaban de la pesca y la recolección.

b) Vivían en pequeños poblados y elaboraban su alimento, con la agricultua y la ganadería.

c) Vivían en poblados fortificados y utilizaron metales para elaborar herramientas.

5 En el Neolítico:

a) Las personas eran nómadas y vivían en chozas o cuevas.

b) Se descubrió la agricultura y la ganadería, y aparecieron los primeros poblados.

c) Se descubrió la metalurgia.

6 Las primeras personas que poblaron la península ibérica llegaron desde:

a) América hace casi un millón años y eran *Homo sapiens.*

b) África y eran *Homo neanderthal.*

c) África hace casi un millón de años y pertenecían a una especie denominada *Homo antecessor.*

7 Los dólmenes y los menhires son:

a) Monumentos funerarios realizados con grandes piedras.

b) Pinturas rupestres en cuevas.

c) Primeras armas de la Edad de Bronce.

8 La Edad Antigua abarca desde:

a) La invención de la escritura (1500 años a.C.) hasta la caída del imperio romano.

b) El invención de la escritura (3000 años a.C.) hasta la caída del imperio romano.

c) La invención de la escritura (3000 años a.C.) hasta el descubrimiento de América.

9 Las grandes civilizaciones de la Edad Antigua fueron:

a) Mesopotamia, China, India, América, Grecia y Roma.

b) Mesopotamia, China, India, Fenicia, Grecia y Roma.

c) Mesopotamia, Egipto, China, India, Fenicia, Grecia y Roma.

10 Los pueblos colonizadores de Iberia durante la Edad Antigua fueron:

a) Los tartesios, los iberos y los celtas.

b) Los tartesios, los fenicios, los cartagineses y los griegos.

c) Los turdetantos, los iberos, los celtas y los celtíberos.

11 El imperio romano en la península ibérica:

a) Introdujo el latín, las calzadas y denominó Hispania a la península ibérica.

b) Introdujo el latín, las calzadas y denominó Iberia a la península ibérica.

c) Introdujo el castellano, las calzadas y denominó Hispania a la Península.

12 La sociedad romana estaba formada por:

a) Personas libres (nobles y clero) y personas esclavas.

b) El emperador, personas libres, plebeyas y esclavas.

c) Por un lado, personas libres: ricos (patricios y patricias) y humildes (plebeyos y plebeyas y las personas libertas) y, por otro, las personas esclavas.

13 En las ciudades romanas se levantaron numerosos monumentos y edificios, tales como:

a) Templos, pirámides, termas y puentes.

b) Templos, basílicas, anfiteatros, termas, acueductos y puentes.

c) Mezquitas, teatros, acueductos y puentes.

Resuelve en tu cuaderno estas cuestiones

1 Calcula las siguientes operaciones poniendo el resultado en años.

1 milenio + 2 siglos + 7 décadas + 1 lustro = = ?......

5 milenios + 5 siglos + 5 décadas + 5 lustros = = ?......

3 milenios + 9 siglos + 2 décadas + 7 lustros = = ?......

2 Escribe las características principales del Paleolítico, el Neolítico y la Edad de los Metales.

3 Explica brevemente en qué consistió la romanización de Hispania.

4 Las principales obras públicas que hicieron los romanos fueron...

anayaeducacion.es Consulta la ficha «Usa las TIC de forma correcta IV» en el banco de recursos.

Mapa físico de España

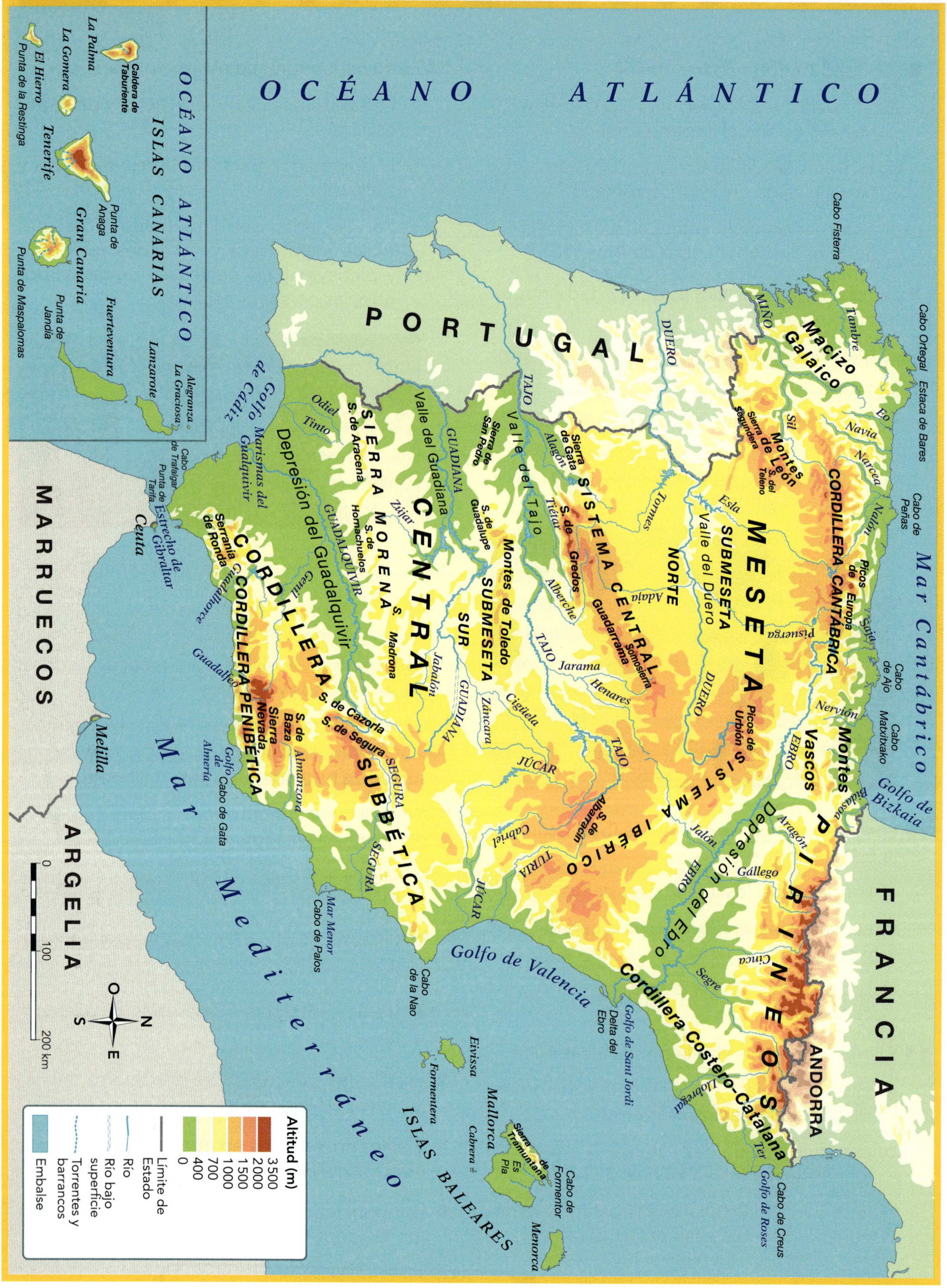

Mapa político de España

Mapa físico de Europa

Mapa político de Europa

Mapamundi físico

30° E
60° E
90° E
120° E
150° E
180°
GLACIAL
ÁRTICO
EUROPA
MONTES ESCANDINAVOS
MONTES URALES
Obi
Llanura de Siberia occidental
Obi
Meseta de Siberia Central
Círculo polar ártico
60° N
Gran Llanura Europea
Volga
Rin
Danubio
ALPES
CÁUCASO
ASIA
Meseta de Mongolia
Desierto de Gobi
Huang He
HIMALAYA
Yangtsé
30° N
Mediterráneo
Nilo
DESIERTO DEL SÁHARA
Trópico de Cáncer
Ganges
Meseta del Decán
OCÉANO PACÍFICO
Macizo Etíope
Ecuador
0°
Congo
OCÉANO ÍNDICO
ÁFRICA
OCEANÍA
Gran Cordillera Divisoria
Trópico de Capricornio
30° S
Desierto de Kalahari
Gran Desierto Victoria
Australia
60° S
GLACIAL ANTÁRTICO
Círculo polar antártico
ANTÁRTIDA
0
2000
4000
6000
8000 km
30° E
60° E
90° E
120° E
150° E
180°

Mapamundi político

30° E
60° E
90° E
120° E
150° E
180°
LACIAL
ÁRTICO
UROPA
Círculo polar ártico
SUECIA
RUEGA
FINLANDIA
60° N
RUSIA
ASIA
EMANIA
POLONIA
UCRANIA
RUMANÍA
KAZAJISTÁN
MONGOLIA
ITALIA
GRECIA
TURQUÍA
CHINA
JAPÓN
IRAK
IRÁN
AFGANISTÁN
30° N
PAKISTÁN
Trópico de Cáncer
GELIA
LIBIA
EGIPTO
ARABIA SAUDÍ
INDIA
MYANMAR
OCÉANO PACÍFICO
ÍGER
CHAD
SUDÁN
TAILANDIA
FILIPINAS
GERIA
ETIOPÍA
VIETNAM
MALASIA
Ecuador
0°
REP. DEM. DEL CONGO
KENIA
PAPÚA NUEVA GUINEA
INDONESIA
OCÉANO ÍNDICO
TANZANIA
OCEANÍA
ANGOLA
ZAMBIA
MOZAMBIQUE
MADAGASCAR
BOTSUANA
Trópico de Capricornio
NAMIBIA
AUSTRALIA
30° S
SUDÁFRICA
NUEVA ZELANDA
ÁFRICA
AL ANTÁRTICO
60° S
Círculo polar antártico
RTIDA
0
2000
4000
6000
8000 km

PIEZA A PIEZA Es un proyecto educativo de Anaya para Educación Primaria.

En la realización de este libro han intervenido:

- **Equipo de edición:** José Luis Chamero, M.ª Luz Núñez, Salvador Vara.
- **Diseño, gráficos y cartografía:** Patricia G. Serrano, Juan Carlos Quignon, Miguel Á. Castillejos, Miguel Á. Díaz-Rullo, José M. Gil, Rosario Regaño.
- **Ilustración:** Carlos J. Cecilia, Monse Fransoy, Tatio Viana.
- **Maquetación:** Esperanza Hernández.
- **Corrección:** Encarnación Martín.
- **Edición gráfica:** Elena Achón.
- **Fotografías:** Age Fotostock, Alamy/Cordon Press, Album, Archivo Anaya: (Balaguer, T.; Cantó, M.; Cosano, P.; Hernández Moya, B.; Leiva, Á.; Martín, J. A.; Martin, J.; Ortega, Á.; Ortiz, J.; Osuna, J.; Padura, S.; Rivera, Jove, V.; Ruiz Pastor, L.; Ruiz y Ruiz de Velasco, J. M.; Ruiz, J.B.; Sanguinetti, J.A.-Fototeca de España; Steel, M.; Sánchez, J.; Valls, R.; Zurdo, F.), Depositphotos, Istock/Getty images, 123 RF y colaboradores.

Las **normas ortográficas** seguidas en este libro son las establecidas por la Real Academia Española en la *Ortografía de la lengua española*, publicada en el año 2010.

Nuestras publicaciones mantienen el rigor en el uso y en la selección de los contenidos, en las imágenes y en el lenguaje, para cumplir con la **no discriminación** por razón de género, cultura u opinión.

IMPORTANTE. Las actividades propuestas en este libro deben ser realizadas en cuadernos u hojas sueltas; nunca en el propio libro.

ISBN: 978-84-698-5246-0 - Depósito Legal: M-4309-2019 - Printed in Spain.

ET034883/1E4I - 8391589